나의 직업

# 의사

**행복한 직업 찾기**
나의 직업 의사

1판 1쇄 펴낸날  2013년 12월 27일
1판 4쇄 펴낸날  2018년 09월 20일

엮 은 이 | 청소년행복연구실
펴 낸 곳 | 동천출판

등      록 | 2013년 4월 9일 제319-2013-25호
주      소 | 서울특별시 서초구 효령로 60길 15(서초동, 202호)
전화번호 | (02) 588 - 8485
팩      스 | (02) 583 - 8480
전자우편 | dongcheon35@naver.com

값 15,000원
ISBN 979-11-85488-00-4  43370

행복한 직업 찾기 시리즈

# 나의직업 의사

Dongcheon
동천출판

# CONTENTS

# PART 1

## 의료 세계는 어떤 것일까?

병원에서 환자를 진료하고 치료하는 의료인을 말하는 우리가 일반적으로 의사라고 할 때에 해당하는 의료인이다. 의사가 되기 위해서는 의과대학을 졸업하고 의사국가시험에 합격하여 의사면허증을 받아야 한다. 그런데 우리가 의사라고 할 때에는 의사면허증을 가지고 의료행위를 하는 사람을 말하지 의사면허증만 가지고 있다고 의사라 하지는 않는다. 의사면허증을 가지고 있지만 의료행위를 하지 않고 의학 연구나 의료 관련 조사를 하는 기초의학자나 법의학자들도 있기 때문이다.

# 1

# 인류의 역사와
# 의료 기술

## 인류 역사 속의 의료기술

의사에 대한 최초의 기록부터 살펴보자. 지금부터 3300년 전의 상황을 기록한 서양 최초의 서사시에 의사에 관한 표현이 나온다. 기원전 13세기에 벌어진 트로이 전쟁에서 그리스의 치료 영웅인 마카온은 트로이의 파리스 왕자가 날린 화살을 어깨에 맞아 부상을 입었다. 이 때 크레타의 왕으로 출정한 이도메네우스가 네스토르에게 다음과 같이 말한다.

"의사는 (몸에 박힌) 화살을 잘라내고 진통제를 뿌려주기 때문에 만인(萬人)에 해당되는 가치가 있다."

이 말은 의사에 관한 서양 최초의 기록으로 기원전 8세기에 그리스의 호메로스가『일리아스』에서 읊은 시구이다.『일리아스』는 고대 그리스인의 가치관과 생활상, 그리고 오늘날 서양 문화의 원형이 된 내용들을 풍성하게 담고 있어, 서양 정신의 그리스적 기원에 관심을 가진 사람들이 종종 조회하는 문헌이다. 그래서 서양 최초의 고전인『일리아스』는 비록 의서(醫書)는 아니지만 서양 의학사를 연구하는 사람들에게 유용한 도움을 주는 책이다.

게다가 이 고전에는 신화적 의학의 원조가 되는 아스클레피오스라는 이름이 처음으로 나타나 있고, 그의 두 의사 아들인 포달레이리오스와 마카온이 트로이 전쟁에 군의관으로 참전했던 사실까지 증언하고 있다.

위의 격언에는 의사의 존재 의미가 담겨 있는데, 의사가 만인에 해당되는 이유는 "화살을 잘라내고 진통제를 뿌려주기 때문에" 그렇다는 것이다. 여기서 군의관 한 사람이 만 명의 군사에 해당된다는 표현을 사용한 것은 아마도 전쟁이라는 특수 상황이 반영되었기 때문일 것이다.

의사가 높게 평가받는 이유는 "화살을 잘라내고 진통제를 뿌려주어" 환자를 치료할 수 있는 능력을 갖고 있기 때문인데, 이 능력은 원한다고 해서 누구나 가질 수 있는 능력이 아니다. 오직 오랜 수련과정을 거친 의사만이 가질 수 있는 전문적 능력이다.

이 전문적 능력은 이를 소유하고 있는 전문가를 일반인과 구분시켜 주며 그에 따른 지위를 보장해준다.

결국 의사는 질병을 치료할 수 있는 전문성 때문에 일반인과 다른 존재의미를 갖게 된다.

그러다가 기원전 5세기의 히포크라테스 시대에 오면 의술의 전문성에 대한 성찰이 더욱 깊어져 의술은 우연(tyche)이 아니라 경험과 관찰 그리고 이성적 추론과 같은 방법과 원리로 발견한 진정한 테크네(techne, 技藝)로 규정된다.

그런데 어떤 기술이 테크네로 인정받으려면 일정 수준의 '정확성(akribeia)'을 가질 수 있어야 했다. 의사들은 사람의 체질 등과 같은 다양한 변수들 때문에 계량적 정확성의 이상에 도달할 수는 없었지만, 질병 증상의 규칙성과 주기성, 예후의 구체성과 정확성, 그리고 환자 개인의 특성에 정확히 일치하는 섭생법을 처방함에 있어 제한적인 범위에서나마 정확성을 얻고자 했다.

고대 의학에서 진단의 정확성, 예후의 정확성, 처방의 정확성, 치료의 정확성은 유능한 의사와 무능한 의사를 판별하는 기준이 되었다. 실제로 진료 현장에서 다른 치료자들과 직접 경쟁해야 했던 히포크라테스 시대의 의사들이 상대방의 공격 속에서 자신들의 테크네를 지켜가기 위해 갈고 닦은 것도 그들이 가진 전문성이었다.

전문직 단체들이 만드는 윤리 규약에는 '윤리선언', '윤리강령', '윤리지침' 등이 있는데, 이와 같은 전형을 우리는 의사 전문직에서 찾아 볼 수 있다.

오늘날은 다양한 분야의 전문직 종사자들이 자신들의 직업적 정체성을 확인하고 자신들이 추구하는 가치와 이상을 담은 선서를 한다.

간호학도들의 '나이팅게일 선서', 한의학도들의 '허준 선서', 약학도들의 '디오스코리데스 선서', 특수교육학도들의 '설리번 선서', 우리나라 검사들의 '검사 선서' 등이 그러하다.

그러나 뭐니 뭐니 해도 전문직업인 선서의 원조는 『히포크라테스 선서』이다. 이는 의사의 서약과 직업윤리를 사회나 국가가 만들어 강요한 것이 아니라 의사들이 자율적으로 제정했다는 점에 큰 의미가 있으며, 이런 경향은 서양 의사들의 전통으로 자리 잡았다.

그리스 시대에는 국가에서 관장하는 공식적인 의사면허제도가 없었기 때문에 자유롭게 의료 활동이 이루어졌으며 의사의 능력에 따라 평가받았다. 하지만 이 같은 상황에서는 무자격자들에 의한 의료현장의 무질서와 방종을 원천적으로 방지할 수 있는 제도적 장치가 미흡하기 마련이다. 이에 정식수련을 받은 의사들은 의사집단의 자기정화의 필요성을 절감하고 의학이론의 정리 작업과 함께 의사의 직업윤리를 쇄신할 필요를 느꼈다.

실제로 『히포크라테스 전집』에는 섭생법, 외과, 산부인과, 임상일지 등과 같은 의학이론서들과 함께 「선서」와 같은 윤리 규범서들도 포함되어있다. 이렇게 해서 히포크라테스 의학은 의술의 전문성에 맞는 고도의 윤리성까지 갖춤으로써 서양의학의 진정한 출발점이 되었다.

오늘날 전문직(profession)은 사회적 가치를 수호할 임무를 부여받은 직업 집단이며 직업전문인(professional)은 그 가치를 지키기로 공개적으로 약속한 사람들이다.

따라서 직업전문인의 생활방식은 그 도덕적 가치를 실현하는 것이어야 하며 이를 위해 자신들의 이익보다 다른 사람의 이익을 우선적으로 생각하고, 높은 도덕 수준을 유지해야 한다.

이러한 헌신의 대가로 사회는 일정한 경제적 보상과 사회적 신뢰라는 도덕적 보상을 제공한다. 이처럼 직업전문주의는 전통적 도덕적 계약을 사회적 계약으로 확대하는 것이다.

그럼 오늘날 의사들을 위한 직업전문성 교육에 어떤 내용들을 포함하면 좋을까?

우선 우리의 교육현실에서 젊은 의학도에게 왜 의과대학에 가게 되었느냐고 묻는다면 학생의 입에서 확신에 찬 의대 진학의 변을 들을 수 있는 확률이 얼마나 될지 궁금하다.

유치원에서 고등학교에 갈 때까지 그랬던 것처럼 이들은 별다른 문제의식 없이 대학에 와서도 자신의 정체성에 대해 근본적으로 성찰해볼 기회를 거의 갖지 못한 채 대학 문을 나서게 된다.

나는 누구인가?
나는 무엇을 잘할 수 있는가?
나는 무엇을 추구할 것인가?

과연 이런 자문(自問)에 대한 자답(自答)을 찾기 위해 자신에 대해 진지하게 성찰해본 학생들이 얼마나 될까?

우선 "나는 누구인가?"라는 자기 정체성에 대한 물음에 대해 생각해 봐야 한다. 그런 다음 내가 공부하고 있는 의학이 나의 관심과 재능에 잘 맞는가? 의학이 젊음의 한 순간이 아닌 나의 한 평생을 걸만한 학문이 될 만한가? 그래서 의사라는 직업이 나의 천직(天職)이 될 수 있는가?라는 질문을 스스로에게 던져봐야 한다.

이런 문제들에 대해 치열한 고민의 과정이 생략되면 그 이후에 직면하게 되는 문제들, 예를 들어 적성과 전공의 불일치, 학문에 대한 회의, 미래에 대한 불안 등으로 방황하게 된다.

이런 상황에서는 의술에 대한 애착이나 환자에 대한 관심을 기대하기 어려울 것이다. 자기 직업에 만족하지 못하면 삶의 의욕과 열정이 사라지고 무료하고 권태로운 일상 속에 인생의 보람과 행복은 멀어지기 쉽다.

그러나 의학이 자신의 적성에 잘 맞아 의사라는 직업을 통해 자신의 이상을 실현하고자 하는 학생이라면 문제는 달라질 수 있다. 이런 학생에게 훌륭한 의사가 되는데 필요한 자질과 품성을 키워주고 전문 직업의식을 강화시켜 주기 위한 프로그램을 제공한다면, 직업적 만족도를 높여 주기 위한 직업전문성 교육은 일정한 효과를 거둘 수 있을 것이다.

나아가 이들이 가진 젊음 특유의 도전 정신과 도덕적 의협심을 고취시켜 자신의 재능과 학문이 한 개인의 소유가 아니라 사회와 인류를 위한 소중한 자산임을 깨닫게 할 필요가 있다. 따라서 의학도들의 직업적 자부심을 일깨워주기 위한 직업전문성 교육에는 그

속에 포함되었으면 하는 핵심적인 가치와 주제들이 있을 수 있다.

어떤 주제들이 포함되어야 하는가라는 문제는 논자들에 따라 다르겠지만 적어도 다음과 같은 세 가지 문제의식은 포함되는 것이 바람직할 것이다.

첫째, "의사는 누구인가"라는 의사의 정체성 문제,
둘째, "의사는 무엇을 하는가"라는 의사의 본분에 관한 문제,
셋째, "의사는 무엇을 추구하는가"라는 의사의 이상에
관한 문제가 그것이다.

의사라는 직업적 정체성을 확인하고 직업적 삶에 대한 반성을 통해 전문가적 위상에 맞는 직업 정신과 윤리 의식을 지닌다면 의사의 직업 만족도는 지금보다 훨씬 높아질 수 있을 것이다. 의사는 자신이 가진 전문성 수준만큼이나 높은 직업적 자긍심과 도덕적 자신감을 갖추고 있는지에 대해 끊임없는 성찰이 필요하다. 우리나라처럼 민간 의료의 비중이 절대적으로 큰 나라에서는 의사가 의료전문직에 종사하면서 의료자본가로 변질되지 않고 의료전문가로서의 본분을 지켜 가기란 쉽지 않다.

그렇기에 우리나라의 의학교육에서 예비의료인의 심혼(心魂)에 직업적 이상을 심어주는 작업이 필요하고, 그 과정에서 「선서」는 의학적 프로페셔널리즘의 발달과 자기인식에 중요한 역할을 할 수 있을 것이다.

의료행위는 인간의 생명과 직결된 치료행위이기 때문에 전문적 지식과 기술을 바탕으로 이루어진다. 따라서 오래 전부터 면허를 가진 사람만 의료행위를 할 수 있도록 규제하였다. 의학 지식이 불충분한 사람이 부적절한 의료행위를 할 경우, 약물의 오남용이나 의료사고 발생 등과 같은 피해가 너무 크기 때문이다.

중세 유럽은 의과대학을 졸업한 내과계 의사와 이발사 등이 겸직한 외과계 의사, 그리고 치과의사, 약제사가 따로 발전하였다. 그래서 현재까지 의사는 거의 모든 나라에서 독립한 의과대학을 졸업한 사람에게 따로 자격을 준다.

현재는 많은 국가에서 무분별한 의료행위를 막기 위해 대부분의 의료행위에 대해 의사면허를 가진 사람만이 할 수 있도록 규제하고 있다.

우리나라 역시 의사면허증 소지자 이외의 의료 행위는 법률로 금하므로 원칙적으로는 의사 아닌 자는 의료행위를 할 수 없다.

## 의료기술인과 의사

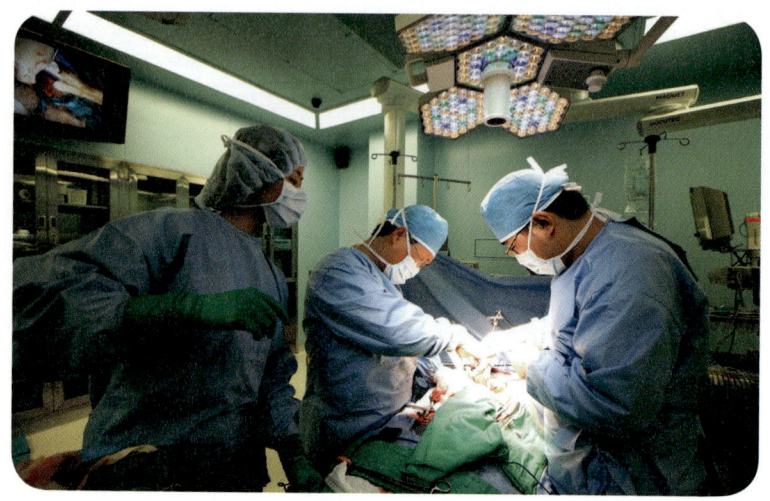

    의사라는 직업은 고대 사회에서부터 전문직의 하나였을 만큼 인류 역사상 가장 오래된 직업의 하나이다. 하지만 오늘날과 같은 의사의 정체성이 확립된 것은 19세기 근대 의학의 탄생과 관련된다. 19세기 전반의 프랑스의 병원의학과 19세기 후반의 독일의 실험의학은 과학적 의학을 크게 발전시켰으며, 과학적 의학의 발전은 의사들의 자기정체성(self-identity)을 변화시켰다. 특히 19세기 말부터 20세기 초에 걸친 과학적 발전은 의사들의 대중적 이미지를 변화시켜 전문직으로서 의사의 지위를 격상시켰다.

    제2차 세계대전 말이 되자 서양의 의사들은 자율적이고 강력한 고도의 전문화된 직종의 주인공이 되었다.

21세기에 와서 의학은 더욱 세분화되고 전문화되어 가고 있다. 의료업이 점차 세분화되고 전문화될수록 의사의 직업적 정체성에 대한 자기인식은 더욱 절실해진다. 게다가 우리의 경우 2000년의 의약분업 사태를 겪으면서 의사들에 대한 전통적인 인식이 크게 바뀌기 시작했다.

특히 상업적 자본주의가 활성화되면서 의사에 대한 우리 사회의 부정적인 인식이 점차 확산되자 의사들 사이에서도 고민이 깊어지기 시작했다. 이런 상황에서 의사들은 의사라는 직업의 정체성과 전문성에 대해 새롭게 인식하기 시작했다.

의사는 무엇을 하는 사람인가?
의사는 어떤 직업의식을 가져야 하는가?
의사는 자기 직업에서 무엇을 추구해야 하는가?

이와 같은 자기성찰 작업은 자기객관화 사고를 통해 이루어지기 마련이다.

이런 물음들에 대한 근원적인 해답을 찾아보기 위해 진정한 의미의 서양의학이 탄생했던 시절로 돌아가, 기원전 5세기에 작성된 의사 윤리선언의 대명사 「히포크라테스 선서」를 살펴보는 것은 의미 있는 일이라고 생각한다.

## 〈히포크라테스 선서〉


나는 의술의 신 아폴론과 아스클레피오스, 휘기에이아, 파나케이아, 그리고 모든 남신과 여신을 증인으로 삼아 나의 능력과 판단에 따라 이 선서와 계약을 이행할 것을 맹세합니다.


나는 이 의술을 가르쳐준 스승을 부모처럼 여기고 나의 삶을 스승과 함께 하여 그가 경제적으로 어려울 때 나의 것을 그와 나누며 그의 자손들을 나의 형제로 여겨 그들이 의술을 배우기를 원하면 그들에게 보수나 계약 없이 의술을 가르칠 것이며 내 아들들과 스승의 아들들, 그리고 의료 관습에 따라 선서하고 계약한 학생들에게만 교범과 강의와 다른 모든 가르침을 전하고 다른 사람들에게는 전하지 않겠습니다.


나는 나의 능력과 판단에 따라 환자를 돕기 위해 섭생법을 처방할 것이며 환자들을 위해나 비행으로부터 보호하겠습니다.


나는 어떤 요청을 받아도 치명적인 약을 누구에게도 주지 않을 것이며 그에 대한 조언도 해주지 않을 것입니다. 마찬가지로 나는 어떤 여성에게도 낙태용 페서리를 주지 않겠습니다.

나는 나의 삶과 나의 의술을 순수하고 경건하게 지켜가겠습니다.


나는 칼을 사용하지 않을 것이며 심지어 결석 환자도 그 일에 종사하는 사람에게 맡기겠습니다.


나는 어느 집을 방문하든지 환자를 돕기 위해 갈 것이며 고의적인 비행과 상해를 삼가고, 특히 노예이든 자유민이든 여자들이나 남자들과 성적 접촉을 삼가겠습니다.


내가 환자를 진료하는 동안 또는 진료 과정 외에 그들의 삶에 관해 보고 들은 것이 무엇이든지 그것이 외부로 알려져서는 안 되는 것이라면 그것들을 비밀로 지키고 누설하지 않겠습니다.


이제 내가 이 선서를 지키고 어기지 않는다면 내가 나의 삶과 나의 의술에 대해 모든 사람들로부터 영원한 명예를 얻게 하시고, 만약 내가 선서를 위반하고 거짓으로 맹세한다면 나에게 그 반대를 주소서.

# 2

## 의료인으로서의 의사

### 의료인이란?

　의료인은 단순히 병원에 재직하는 사람을 통칭하는 말은 아니다. 의료인이란 인간의 질병, 장애, 상해를 진단하고 치료하기 위해 진찰과 의학적 검사를 시행하고 이를 종합하여 치료의 범위와 방향을 정하고, 환자와 개별적 논의를 통해 구체적 내용을 결정하며, 환자가 원하는 수준의 건강생활을 유지하는데 필요한 의학적 상담을 제공하는 전문기술인을 말한다.

　우리나라에서는 다음과 같은 직업인들을 의료인이라고 한다.

- 의사 : 의료와 보건지도를 임무로 한다.
- 치과의사 : 치과 의료와 구강 보건지도를 임무로 한다.
- 한의사 : 한방 의료와 한방 보건지도를 임무로 한다.
- 조산사 : 조산과 임부 · 해산부 · 산욕부 및 신생아에 대한 보건과 양호지도를 임무로 한다.
- 간호사 : 상병자나 해산부의 요양을 위한 간호 또는 진료 보조 및 대통령령으로 정하는 보건활동을 임무로 한다.

이들 중 의사는 종합병원 · 병원 · 요양병원 · 의원을, 치과의사는 치과병원 · 치과의원을, 한의사는 한방병원 · 요양병원 · 한의원을, 조산사는 조산원을 개설할 수 있는데 조산원을 개설하는 자는 반드시 지도의사를 정하여 관할 시장 · 군수 · 구청장에게 신고하여야 한다.


## 의사의 종류

사람의 질병을 진단하고 치료하는 사람을 우리는 의사라고 생각하지만 현대 사회에서 의사로 통칭되는 직업인은 법률로 엄격하게 정해 놓았다. 왜냐하면 자칫 잘못된 의료 행위는 사람의 생명을 위협할 수 있기 때문이다.

오늘날 우리나라에서 인정하는 의사는 의사, 치과의사, 한의사 3종류가 있다.

### 1 의사

우리가 일반적으로 의사라고 말할 때에 해당하는 의료인으로, 병원에서 환자를 진료 및 치료한다.

의사가 되기 위해서는 의과대학을 졸업하고 의사국가시험에 합격하여 의사면허증을 받아야 한다. 그런데 우리가 의사라고 할 때에는 의사면허증을 가지고 의료행위를 하는 사람을 말하지 의사 면허증만 가지고 있다고 의사라 하지는 않는다. 의사면허증을 가지고 있지만 의료행위를 하지 않고 의학 연구나 의료 관련 조사를 하는 기초의학자나 법의학자들도 있기 때문이다.

이 책에서는 이런 의사를 중심으로 이야기하기 때문에 별도의 설명을 생략한다.

우리나라 의사면허증 소지자 수

| 구분 | 2002년 | 2005년 | 2010년 | 2015년 | 2016년 |
|------|--------|--------|--------|--------|--------|
| 남자 | 64,165명 | 68,518명 | 78,499명 | 87,442명 | 88,338명 |
| 여자 | 14,444명 | 16,851명 | 22,944명 | 28,603명 | 29,755명 |
| 합계 | 78,609명 | 85,369명 | 101,4443명 | 116,045명 | 118,093명 |

　의사가 대학에서 의학을 공부하고 사람들의 질병이나 장애를
진단하고 치료한다면 치과의사는 대학에서 치의학을 공부하고 사
람들의 치아나 치주와 관련된 질병이나 장애를 진단하고 치료한다.
쉽게 말하면 치과병원을 하는 의사를 말하는데 여기서 치과의사에
대하여 좀 더 자세하게 알아보자.

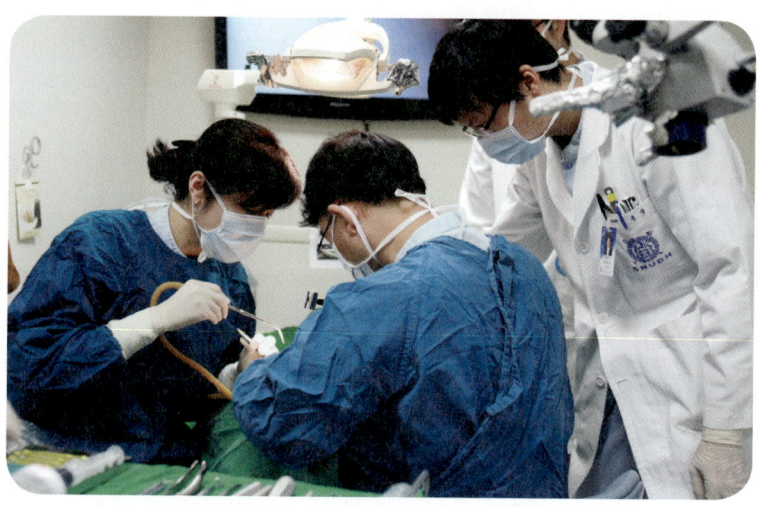

### 1 　치의학이란 무엇인가

　치의학은 일반의학과 구별되는 특수성 때문에 독립된 학문으
로 발전해 왔다. 그래서 치과대학은 의학 계열에 들기는 하지만 의

과대학과는 확연히 구별된다.

치의학은 일반적으로 생각되는 치아의 치료에만 국한된 학문은 아니며 치아 질병과 관련된 진단, 예방, 치료와 관련하여 폭넓게 연구되는 학문이라고 할 수 있다. 즉 치의학은 악구강계 장기와 조직의 질병을 진단, 예방, 치료하는 원리와 방법을 익히고 연구하는 동시에 결손 또는 상실된 구강 및 인접 조직을 회복시켜 줌으로써 국민 구강 건강을 증진시키는데 기여한다. 따라서 치의학의 발전은 치과의사들의 진료능력 및 의료서비스의 질적 향상과 직결된다고 하겠다.

치과의사가 되기 위해서는 치과대학에 입학하거나 4년제 대학 졸업 후 치의학전문대학원에 입학하여 치의학을 공부한 뒤 국가시험에 합격해야 한다.

### ② 치과대학에서는 무엇을 배우나

치과대학의 교육과정은 예과 2년과 본과 4년으로 나누어지는데 치의학과도 의학과와 마찬가지로 예과 2년 동안은 대개 자연과학대학에 속해 교양과목을 주로 배운다. 치과대학 예과의 주요 교육 내용은 치의학을 공부하는데 필요한 기초과학 및 외국어과목, 그리고 단순한 의술만이 아닌 인술을 베풀 수 있는 의료인으로서 필요로 하는 교양과목 등이다. 2년간의 예과 과정을 수료하면 자동적으로 본과에 진입하게 되며 본과의 교육내용은 1·2학년에서는 기초 치의학(해부학, 조직학, 생리학, 미생물학, 병리학, 예방의학, 내과학, 외과학, 약리학 등) 및 실습, 3·4학년에서는 임상 치의학 및 실습 과목이 주가 된다. 치의학의 교육 목적은 인체의 한 부분인 구강의 해부·조직학적 지식과 구강 질환의 병리·생리·약리·생화학적 특성을 교육하며, 임상적으로는 치아우식증, 치주질환, 부정교합 등의 3대 구강질환과 외상에 의한 손상 및 악안면 영역에 발생하는 다양한 구강의 질환을 정확히 진단하고 예방·치료함에 있다. 6년의 교육 과정을 성공적으로 이수하고 치의학종합평가 시험에 합격하면 치의학 학사학위를 획득하게 되며, 또 한국보건의료인국가시험원에서 주관하는 치과의사 국가시험에 합격하면 치과의사 면허증을 부여받아 치과의사 자격을 얻게 된다.

3 **치과대학 졸업 후 진로는?**

- 군복무 또는 공중 보건의 3년 근무(보통 남자의 경우 필수)
- 치과전문의 수련 : 인턴, 레지던트 과정 이수
- 치과 개원 또는 취업

치과의사전문의 수련은 인턴과정 1년, 레지던트과정 3년으로 되어 있는데 이 과정을 이수하고 전문의자격시험에 합격하면 치과 전문의가 된다. 현재 치과 전문의는 구강악안면외과, 치과보철과,

치과교정과, 소아치과, 치주과, 치과보존과, 구강내과, 구강악안면방사선과, 구강병리과 및 예방치과 등 10개 분야로 나누어져 있으며 우리나라에서는 2008년도부터 치과의사전문의가 배출되고 있다.

일반적으로 사회진출은 치과병원이나 의원 또는 종합병원 내의 치과에서 진료를 하게 되는데 현재 치과의원을 개원하는 경우가 80%이상을 차지한다고 보면 될 것이다.

## 4 치의학전문대학원

치의학전문대학원은 고등학교 졸업 후 진학하는 6년 과정(예과 2년 + 본과 4년)의 치과대학과 달리 일반 4년제 대학을 졸업한 자들을 뽑아 4년 동안 치의학을 가르치는 전문대학원인데 졸업 후 치과의사 국가시험에 합격하면 치과의사가 된다.

이에 따라 국내 11개 치과대학은 기존의 6년 과정을 그대로 유지하는 치과대학과 치의학전문대학원제를 도입한 치과대학으로 구분된다. 따라서 치과의사가 되는 길이 또 하나 늘어났다고 보면 된다. 그런데 치의학전문대학원을 도입한 치과대학에서는 6년제 학부 신입생을 모집하지 않는다는 것을 알아야 한다.

이러한 치의학전문대학원은 다른 전문대학원과 마찬가지로 의사의 인성이나 사회성 및 다양한 지식 함양 등을 통해 현대 지식사회에 걸 맞는 의료인을 배출하기 위한 제도이며 동시에 진정한 전문인으로서 사회에 기여할 수 있는 기회를 한 번 더 부여하는 제도라 하겠다.

일반 4년제 대학 학사학위 취득자는 학부 전공과 상관없이 '의학교육입문시험'에 합격하면 치의학전문대학원 입학 자격이 주어진다.

우리나라 치과의사면허증 소지자 수

| 구분 | 2002년 | 2005년 | 2010년 | 2015년 | 2016년 |
|------|--------|--------|--------|--------|--------|
| 남자 | 15,419명 | 16,623명 | 18,964명 | 21,266명 | 21,554명 |
| 여자 | 4,253명 | 4,958명 | 6,426명 | 7,164명 | 7,949명 |
| 합계 | 19,672명 | 21,581명 | 25,390명 | 28,953명 | 29,503명 |

## 3  한의사

우리가 상식적으로 알고 있는 한의사(韓醫師)는 전통 의학을 바탕으로 한약과 침을 사용하여 진료하는 의사로 중국의 한의사와 같다고 생각한다. 그러나 한의사(韓醫師)는 중국어권과 일본어권에서 부르는 漢醫師(→한의사)와는 의학이나 의료기술적인 면에서 약간의 차이가 있으며 우리나라 전통 의학적 지식을 바탕으로 환자를 돌보는 의료인이다.

또한 침을 놓는 침사, 뜸을 뜨는 구사, 한약을 취급하는 한약사 등 준의료인들과도 구분되며 한의사는 이 모든 것을 할 수 있다.

한의사제도

■ 대한제국 시기

의료전문가 집단으로서의 한의사 단체는 대한제국이 세워지고 그 이듬해인 1898년 대한의사총합소에서 시작되었다. 1900년 1월 2일 대한제국이 내부령 제27호로 공포한 '의사규칙'은 현행 한의사를 규정한 최초의 근대 법령이다. 대한제국시기에는 의사나 한의사 모두 의사로 불렸다. 최초의 근대식 국립병원인 광제원의 의사는 대다수가 한의사였으며 황실의 전의도 한의사와 함께 에비슨이나 분쉬, 안상호 등과 같은 의사들이 함께 기용되는 등 대한제국 시기에는 한의사와 의사 양자가 거의 대등하게 공존했다.

■ 일제 강점 시기

일제는 조선의 한의사들을 통제, 억제하고 서양의사 중심의 의료체제를 시도하였다.

1913년 일제는 조선총독부령으로 의사규칙(醫師規則)과 의생규칙(醫生規則)을 제정하여 서양의학을 배운 의사만을 '의사'로 인정하면서, 한의사들을 의사로 편입시킨 일본과는 달리 한의사들을 의생(醫生)으로 격하시키는 조처를 내렸다. 의생(醫生)이라 함은 의학을 배우는 학생이라는 뜻으로 정식 의사가 되기에는 미달된다는 뜻이다.

의생규칙에 따르면 당시 20세 이상으로 2년 이상 의업에 종사한 자와 3년 이상 한의학을 배운 자에 한하여 향후 5년 동안만 당국에 면허 신청을 할 수 있게 했다. 법대로라면 1910년대 중반 5,800여 명으로 파악된 한의사들 외에는 신규 면허는 하지 않을 방침이어서 한의사들은 시간이 갈수록 절멸될 수밖에 없는 상황이었다.

그러나 당시 병원의 진료비나 약값은 일반 서민이 감당하기에는 상당히 부담스러웠으며, 대다수의 조선인들은 내과 관련 질병을 중심으로 한의학에 대한 선호도가 여전했다. 따라서 의사들을 대하기가 힘든 지방민이나 서민층이 의생들의 주 고객이었다.

그런데 의생들이 점차 연로하거나 사망하면서 최초 5800여 명이었던 의생은 1942년에는 3,453명으로까지 줄어들었다. 당시 의사가 3,557명이었으니 의생들은 식민지시기 말까지도 의사의 손이 미치지 못하는 영역에서 의료수급체계의 저변을 담당한 의료인이었다.

이외에도 일본은 1914년에 일본인들의 조선 진출을 돕기 위하여 일본식 침술사, 구술사 제도를 조선에 도입했다. 당시 조선의 한의사들은 침, 뜸, 한약 등을 종합적으로 이용한 치료를 하고 있었지만 전통의학을 폐지한 일본은 침을 놓는 침술사와 뜸을 뜨는 구술사로 나누어 제도화 하였다. 이후 조선에서 한의사를 대신하여 침술, 구술 영업을 하는 사람의 대다수가 일본인이었으며 2차 세계대전 직전에는 그 수가 2천여 명에 이르렀다. 물론 조선사람 중에서도 일본식의 침사나 구사 자격증을 가진 사람들이 있었지만 251명에 불과하였다. 그러나 의생들은 100% 조선인들로만 이루어져 있었다.

해방 직후 의생연합회는 한의사협회로 탈바꿈하여 한국 전통 한의학의 전통을 이어가고 일본식 침사, 구사는 일제 잔재로 멸시 받으면서 폐지가 되었다. 왜 침사, 구사를 조선인들이 침쟁이, 뜸쟁이라 멸시했는가 하면, 그들은 주로 일본인들이었고, 조선인이라 해도 왜인들과 같이 다니며 일제에 부역한자들이 많았기 때문이다. 조선인이 침사, 구사가 되려면 당시 시군 경찰서장의 추천을 받지 않으면 될 수 없었기 때문이다.


■ **대한민국 시기**

1951년 9월 25일 임시 수도 부산에서 한의사제도를 법제화한 국민의료법이 공포되었다.

그 이후 한의사는 우리나라 고유 의료인으로 정착했으며 전국에 11개 한의과대학과 1개의 한의학전문대학원에서 매년 약 800명 가량의 한의사를 배출하고 있다.

오늘날 우리나라의 한의사는 높은 수준의 전문화를 달성한 대표적인 직업집단으로 서양 의학을 배운 일반 의사들과 동등한 사회적 지위를 가진다. 이들은 전통 의료 전문교육기관을 졸업한 후에, 한의사 면허시험을 통해서 면허를 획득한 후 의료 활동을 하며 한의사만을 조직원으로 하는 직업집단을 운영하고 있다.

또한 이들의 직업 활동이 국민 건강과 안녕에 크게 이바지하기 때문에 비교적 높은 사회적 경제적 지위를 누리는 것이 정당하다는 직업적 자부심도 가지고 있다.

### 2 전문 과목

총 8개 과목으로 한방 내과, 한방 부인과, 한방 소아과, 한방 안이비인후피부과, 한방 재활의학과, 한방 신경정신, 사상체질의학과, 침구과 등의 전문 과목이 있다. 각 과목의 전문의는 2000년부터 정식으로 배출되었다.

### 3 교육제도

현재 전국에 9개 한의과 대학(6년 과정)과 1개 한의학 전문 대학원(4년 과정)이 설립되어 매년 한의사를 배출하고 있다.

#### ■ 한의과대학

가천대학교, 경희대학교, 동국대학교, 동신대학교, 동의대학교, 상지대학교, 세명대학교, 우석대학교, 원광대학교

■ **한의학전문대학원**

부산대학교 한의학전문대학원

한의사 교육과정 역시 일반 의과대학처럼 보통 예과 2년, 본과 4년으로 이루어지는데 예과 2년 동안에는 일반교양 과목과 함께 동물학·식물학·일반화학·현대물리학·의학통계 등의 수업한다. 그리고 본과 1, 2학년에서는 인체해부학·조직학·양방생리학·한방생리학·한방병리학·경혈학 등을 공부하며, 본과 3, 4학년 때는 내과학·침구과학·소아과학·부인과학·사상체질의학·상한론 등을 배운다.

1953년 4월에 건국 후 처음으로 서울한의과대학이 설립되

었고, 1955년 3월 약학과를 병설하여 동양의약대학으로 이름을 바꾸었다. 1959년 제1기 졸업생을 배출한 동양의약대학은 1965년 경희대학교에 합병되었고 그 뒤 전국 여러 대학에 한의학과가 설치되었다.

한의사 역시 다른 의사와 마찬가지로 전문의 제도가 만들어져 있다. 한의사는 인턴에 해당하는 일반수련의 과정 1년에 이어 전문수련의 3년을 마치고 보건복지부장관이 실시하는 한의사전문의 자격시험에 합격하면 전문 과목에 따른 한의사전문의 자격증을 받을 수 있다.

우리나라 한의사면허증 소지자 수

| 구분 | 2002년 | 2005년 | 2010년 | 2015년 | 2016년 |
|------|--------|--------|--------|--------|--------|
| 남자 | 12,032명 | 13,217명 | 15,905명 | 18,675명 | 18,594명 |
| 여자 | 1,630명 | 2,054명 | 3,227명 | 4,570명 | 4,866명 |
| 합계 | 13,662명 | 15,271명 | 19,132명 | 23,245명 | 23,460명 |

## 일반의와 전문의

의과대학이나 의학전문대학원을 졸업하고 의사국가시험에 합격하면 의사면허증을 받게 되고 이후 의사로서 활동을 할 수 있다. 개인병원을 개업할 수 있고 다른 병원에 취직하여 환자를 진료하고 치료할 수도 있다. 이런 의사를 일반의라고 하는데 모든 진료 과목을 다 진료할 수 있다. 즉 내과, 산부인과, 피부과, 이비인후과 등등 모든 질병 분야를 다 진료할 수 있다는 것이다. 의사로서 활동하는데 아무런 걸림돌이 없다.

그런데 의료기술이 발달하면서 의료 행위도 세분화되기 시작하였다. 더불어 새로운 의료기기가 등장하고 그에 따르는 의료지식의 폭발적 증가는 의사들로 하여금 다 많은 공부를 하게 하였다. 그래서, 의사들은 면허증을 받은 뒤 다시 인턴(1년)과 레지던트(4년) 과정에 들어가 전문 임상교육을 받는다. 레지던트 과정에서 전문 분야가 결정되는데 이 과정을 마치고 전문의 시험에 합격하면 전문의가 된다.

외국에서는 일반의가 환자들의 초기 진료를 담당하여 가벼운 질병은 치료하고 정도가 중한 질병은 전문병원으로 가도록 한다. 또한 이들은 지역별로 중첩되지 않도록 개업을 조정하여 배치하기 때문에 자신의 지리적 진료 영역을 갖는다.

이처럼 일반의는 독자적인 진료 업무와 영역이 주어지기 때문에 많은 수의 일반의들이 의료 활동을 하고 있다.

그러나 우리나라에서는 의과대학을 졸업하면 당연히 인턴을 하고 레지던트을 해야 하는 줄 생각하여 거의 모든 의대 졸업생들이 전문의 과정을 이수하고 있는 실정이다.

또한 우리나라에서는 아직 일반의와 전문의의 역할 구분이 명확하지 않은 상태라서 일반 시민들은 전문의가 일반의 보다 더 실력이 있다는 식으로만 생각하여 전문의를 이유 없이 더 인정해주는 분위기이다. 따라서 우리나라에서는 일반의의 숫자는 그리 많지 않다.

일반의와 전문의의 구분은 병원의 간판이나 자격증 유무로 바로 알 수 있다.

그런데 우리가 알아야 하는 것은 전문의라고 반드시 그 분야만 진료해야 하는 것은 아니다라는 것이다. 왜냐하면 전문의도 일반의의 자격이 있기 때문에 모든 질병을 다 진료할 수 있다. 단지 특정 분야에서만 전문적이라는 것이다. 그래서 전문의는 간판에 ○○외과, ○○이비인후과 등등과 같이 특정 진료과목을 표시 할 수 있지만 일반의는 그렇게 할 수 없다.

또한 전문의는 간판에 자신의 전문분야 진료과목을 표시하고 다른 진료과목을 표시할 수도 있다.

그래서 일반의는 주로 1차 진료기관으로서 환자들을 진료하며 일상적인 치료 활동을 하고 이후 진료 및 치료에 대하여 환자에게 조언을 하는 일을 하는 것이 바람직하다. 동시에 전문의는 2차 진료기관으로서 1차 진료기관을 거친 환자들에게 보다 세부적이고 집중적인 분야에 대한 치료 활동을 한다고 보면 된다.

일반의와 전문의의 역할 관계는 앞으로 계속 정리해 나가야 할 문제이며 더불어 의사들의 의료서비스 제공 체계 문제도 함께 다루어질 필요가 있다고 본다.

# 의료기관의
# 종류와 서비스

의료기관이란 의사가 시민들의 건강을 위하여 질병이나 장애를 진찰하고 치료 및 교정하는 의료 활동을 하는 곳을 말한다.

우리나라 의료법에서는 의료기관을 개인병원 수준의 의원급과 보다 규모가 큰 병원급으로 나누고 있다.

의원급 의료기관은 주로 동네에 사는 외래환자의 1차 진료를 맡고 있으며 병원급 의료기관은 외래환자와 입원환자를 동시에 진료한다.

그런데 실질적으로 의료기관을 살펴보면 개인병원 수준의 '의원', 규모가 크지만 종합병원보다는 작은 '병원', '종합병원', 종합병원으로서 규모가 아주 크고 중증질환 등 난이도가 높은 질환을 치료할 수 있는 인력과 의료장비를 갖춘 '상급 종합병원', 특정 질환을 전문적으로 치료하는 '전문병원' 등이 있음을 알 수 있다.


## 의원

1명 또는 여러 명의 일반의나 전문의 의사들이 개업한 의료기관으로 환자들에 대한 1차 진료 담당하는데 특별한 부속시설을 갖추지 않고도 진료활동을 할 수 있다.

그러나 상당수의 의원들은 X-ray촬영실, 임상검사실, 물리치료실, 주사실, 초음파진료실, 간단한 수술실 등을 갖추고 찾아오는 환자들을 진찰하고 치료한다.

일반적으로 입원환자가 별로 없으며 일상생활에서 발생하는 가벼운 질환을 치료하는데 우리가 주변에서 볼 수 있는 대다수의 병원들이 의료법상의 '의원'에 해당한다.

이러한 의료기관에는 의원, 치과의원, 한의원 등이 있으며 개업할 때에는 반드시 의원이 있는 지역의 기초 지방자치단체장인 시장, 군수 또는 구청장에게 신고하여야 한다.

의원에서는 주로 다음과 같은 일을 한다.

- 간단하고 흔한 질병에 대한 외래진료

- 질병의 예방 및 상담 등 포괄적인 의료서비스
- 지역사회 주민의 건강 보호와 증진을 위한 건강관리
- 장기 치료가 필요한 만성질환을 가진 환자로서 입원할 필요가 없는 환자의 진료
- 간단한 외과적 수술이나 처치 등 그 밖의 통원치료가 가능한 환자의 진료
- 다른 의원급 의료기관으로부터 의뢰받은 환자의 진료
- 병원, 종합병원, 상급종합병원 등의 표준업무에 부합하는 진료를 마친 후 회송 받은 환자의 진료
- 간단하고 흔하게 발생하는 질환, 상담 및 관리 등 외래진료를 통해 입원 등 환자의 상태가 악화되는 것을 예방할 수 있는 질환

## 병원과 요양병원

의사, 치과의사, 한의사가 찾아오는 외래환자들도 진료하지만 주로 입원환자들을 대상으로 의료행위를 하는 의료기관이다.

이러한 의료기관에는 병원, 치과병원, 한방병원 및 요양병원이 있는데 최소한 30명 이상이 입원할 수 있는 시설을 갖추고 있어야 한다. 이를 보통 병상으로 표현하는데 병원·한방병원은 30개 이상의 병상을 기본적으로 갖추어야 한다. 다만, 치과병원에 대해

서는 별도의 병상 요건을 규정하고 있지 않다. 이때의 허가 병상의 범위는 입원실, 중환자실, 응급입원실, 무균치료실, 격리병실, 신생아실 등 입원진료가 가능한 병상을 말하며, 수술실, 분만실, 주사실, 회복실, 인공신장실, 물리치료실, 낮 병동 등은 포함되지 않는다.

요양병원은 노인성질환자·만성질환자 등 주로 장기입원이 필요한 환자를 대상으로 의료행위를 하는 곳으로 역시 30개 이상의 요양병상을 갖추어야 한다. 요양병원에서는 의사와 한의사 모두 의료행위를 할 수 있다.

병원급 이상의 의료기관은 시·도지사에게 설립 허가를 받아야 만들 수 있다.


## 종합병원

종합병원은 내과, 외과, 소아청소년과, 산부인과 중에서 최소한 기본적으로 3개 이상의 진료과목과 영상의학과, 마취통증의학과와 진단검사의학과 또는 병리과를 포함하여 총 7개 이상의 진료과목을 갖추어야 하며 100명 이상의 환자가 입원할 수 있는 시설을 갖추어야 한다. 그리고 각 진료과목에는 전속 전문의가 있어야 한다.

종합병원 중에서 300명 이상의 입원환자를 수용할 수 있는 규모의 종합병원은 내과, 외과, 소아청소년과, 산부인과, 영상의학과,

마취통증의학과, 진단검사의학과 또는 병리과, 정신건강의학과 및 치과를 포함한 7개 이상의 진료과목을 갖추고 각 진료과목마다 전속 전문의를 두어야 한다.

종합병원에서는 다음과 같은 일을 한다.

- 일반적인 입원, 수술 진료
- 분야별로 보다 전문적인 관리가 필요한 환자의 진료
- 장기 치료가 필요한 만성질환을 가진 환자로서 입원할 필요가 있는 환자의 진료
- 당해 의료기관에 입원하였던 환자로서 퇴원 후 당해 의료기관에서 직접 경과의 관찰이 필요한 환자의 진료
- 의원 또는 다른 병원, 종합병원으로부터 의뢰받은 환자의 진료
- 합병증 등 다른 질환을 동반하여 당해 의료기관에서 입원, 수술 등이 필요한 환자의 진료 – 상급종합병원으로부터 회송 받은 환자의 진료
- 장기입원이 필요한 환자의 진료
- 일반적인 입원, 수술, 분야별로 보다 전문적인 관리가 필요한 질환

# 상급 종합병원과 전문병원

1 **상급 종합병원**

　종합병원 중에서도 치료의 난이도가 높은 중증환자들을 돌볼 인력과 시설을 갖추고 진료과목도 20개 이상인 경우에 상급 종합병원으로 지정할 수 있다.

　상급 종합병원이 되면 진료 활동 이외에 교육 활동도 하는데 병원 자체 내에 전문의 과정을 개설하여 전문의가 되려는 일반의들을 수련시킬 수 있다. 대학병원과 같은 종합병원이 대표적인 상급 종합병원이라 하겠다.

　다음은 상급종합병원에서 하는 일이다.

- 수술, 시술 등 고난이도의 치료기술을 필요로 하는 중한 질병의 진료
- 치사율이 높고 합병증 발생 가능성이 높은 질환을 가진 환자의 진료
- 다수 진료과목의 진료와 특수시설·장비의 이용이 필요한 환자의 진료
- 희귀·난치성 질환을 가진 환자의 진료
- 중증질환에 대한 전문진료 분야별 전문진료센터의 운영
- 당해 의료기관에 입원하였던 환자로서 퇴원 후 당해 의료기관에서 직접 경과의 관찰이 필요한 환자의 진료
- 의원, 병원, 종합병원 또는 다른 상급종합병원으로부터 의뢰받은 환자의 진료
- 합병증 등 다른 질환을 동반하여 당해 의료기관에서 입원, 수술 등이 필요한 환자의 진료 - 의료인 교육, 의료에 관한 연구와 개발 등 의료의 발전과 확산
- 고난이도의 치료기술, 특수시설과 장비의 활용이 필요한 중한 질환, 희귀난치성 질환

2 **전문병원**

병원급 의료기관 중에서 특정 진료과목이나 특정 질환 등에 대하여 난이도가 높은 의료행위를 할 수 있도록 지정받은 병원을 전문병원이라고 한다.

이상의 의료기관들은 반드시 의료인만이 개설할 수 있지만 국가나 지자체 및 의료법인이 의료법 제33조에 의해 공익적 성격을 가진 법인으로서 제한적으로 개설이 허가 되고 있다.

의료기관을 이처럼 엄격하게 인정하는 이유는 의료 행위와 의료법이 인간의 생명과 신체를 다루는 영역이기 때문이다.

그래서 우리나라 의료법은 가능한 한 엄격하게 의료인의 자격은 물론 의료기관의 개설 자격 및 그 절차와 운영에 관하여 규정하고 있다. 판례에서도 의료인이 아닌 자의 의료기관 개설을 원천 무효로 보고 있고, 신고 및 허가단계의 업무집행방해로까지 엄격히 단죄하고 있다.

고령화시대를 맞이하여 노인인구가 지속적으로 증가하며 그와 비례하여 만성질환 유병률도 증가하고 있고 전 국민의 건강에 대한 관심 또한 지대하다. 이러한 업무여건에서 의료기관의 개설신고(허가) 및 운영에 대한 관리감독 업무는 날로 그 중요도를 더하고 있다.

개설단계에서 그 요건에 대한 적절한 심사와 검토를 통해 위법 의료기관 개설이 걸러져야 하고, 의료기관이 전 국민의 건강을 보호하고 증진시키는 적정한 의료서비스를 제공하도록 운영단계에서 효율적인 지도와 업무 검사가 있어야 할 것이다.

### 병원 종류별 종사하는 의료 인력수

| 구분 | 종합병원 | 병원 | 치과병원 | 한방병원 |
|---|---|---|---|---|
| 2010년 | 127,515명 | 56,672명 | 4,858명 | 3,880명 |
| 2015년 | 165,783명 | 130,943명 | 5,761명 | 5,640명 |
| 2016년 | 189,261명 | 147,902명 | 6,519명 | 6,104명 |

### 병원에 근무하는 의사 수

| 구분 | 의사 | 치과의사 | 한의사 |
|---|---|---|---|
| 2010년 | 46,314명 | 2,994명 | 2,036명 |
| 2015년 | 55,481명 | 3,457명 | 3,193명 |
| 2016년 | 56,827명 | 3,522명 | 3,377명 |

### 2016년 우리나라 의료기관의 수

| 종합병원 | 요양병원 | 일반병원 | 의원 | 치과병원 | 치과의원 | 한방병원 | 한의원 |
|---|---|---|---|---|---|---|---|
| 341 | 1,386 | 1,510 | 30,157 | 223 | 16,996 | 282 | 13,860 |

# 4 한의학

한의학

## 한국의 한의학과 중국의 한의학

**1** 한국 한의학(韓醫學)과 중국 한의학(漢醫學)의 차이

한국 한의학(韓醫學)은 동의학(東醫學)이라고도 하는데 이는 한국 땅에 존재하는 전통의학을 말한다.

역사적으로 동의학이 만들어지게 되는 데에는 고대로부터 존재했던 한국 고유의 치료술 등이 조선 초기 『향약집성방』등에서 1차 정리되고 『의방유취』의 간행으로 한국 전통의학의 틀이 갖추어지면서 이다. 이것은 『동의보감』, 『동의수세보원』으로 이어져 중국과는 다른 독자적인 의학전통으로 자리 잡게 되었다.

동의학에서 중심으로 삼는 것은 인간의 체질적 특성과 자연과의 관련성이다. 그런 점에서 인간중심의 의학이라고 할 수 있다. 동의학의 학문체계는 성리학적 전통과 백성들에 대한 위민사상이 깔려 있으며, 내부적 원인을 중시하고 경험방을 중시하는 특징이 있다.

반면에 중국의 한의학(漢醫學)을 뜻하는 중의학(中醫學)은 중국 땅에 존재하는 전통의학을 말한다.

중의학은 역사적으로 여러 의학 유파가 논쟁을 하면서 발전해왔다. 특히 명나라 말기부터 온병학(溫病學)이라는 중국 고유의 의학이 대두되어 청나라 이후에는 한국과 다른 의학적 경향으로 발전하였다. 중의학은 변증시치에 따라 질병을 치료해내는 질병 중심의 의학이라는 점에서 우리나라 한의학과는 다르다. 우리의 한의학이 인체의 균형과 체질을 중심으로 자연과의 조화를 의료 행위의 중심으로 삼는 반면에 중국의 중의학은 학문체계가 상한론과 온병학을 중심으로 전염성 질환이나 병 자체를 치료하는데 역점을 두고 있다.

### 2 한국 한의학의 특징

■ **첫째, 백성들을 우선한다는 점에 특징이 있다.**

의학의 본래의 목적은 모든 백성들이 건강한 삶을 영위하도록 하는데 있다 할 것이다. 만일 의약품을 구하기 어렵고 치료비가 비

싸다면 일반 서민들은 의학의 혜택을 받기 어려울 것이다. 역대 한국의 위정자들과 의학가들은 이점을 잘 알고 백성들에게 고루 의학의 혜택이 돌아가도록 힘썼다. 『향약집성방』에서 복잡한 처방들보다는 단순한 처방들을 중심으로 치료처방을 나열한 것이나 『동의보감』에서 각 문(門)마다 말미에 단방(單方)이라는 제목으로 단미약재(單味藥材:한가지 약재)들을 제시한 것 등이 그러하다. 또한, 『제중신편』, 『방약합편』등의 의서에 약성가를 기록해 놓은 것도 이러한 백성을 위하는 위민사상(爲民思想)의 일단을 엿볼 수 있게 한다. 이러한 특징은 복합 처방 중심의 중국의학과 차이가 있는 점이다.

■ **둘째, 인간중심주의를 꼽을 수 있다.**

여기에서 인간중심주의라는 말은 질병중심주의에 대해 반대

개념으로 한 말이다. 흔히 의학의 목적은 질병퇴치에 있다고 한다. 그러나 한국의 한의학에서는 질병의 발생이 각 개인 자체에 원인이 있다고 보고 양생과 체질에 중점을 두고 치료에 임하고 있다. 『동의보감』이 질병을 중심으로 하지 않고 인간을 중심으로 구성된 것이 그 예이고, 『동의수세보원』이 인간의 체질을 중심으로 질병을 바라보고 있는 것이 그 예라 할 것이다. 『동의수세보원』은 이제마가 1894년 완성한 서적으로 체질에 관한 내용을 담고 있다. 태양인(太陽人), 태음인(太陰人), 소양인(少陽人), 소음인(少陰人)의 네가지 체질로 나누어 체질마다 생기는 병에 대한 치료를 달리하고 있는 이 의학체계는 인간의 저마다의 체질을 중심으로 질병의 패턴을 이해하고 있다는 점에서 인간중심적이라고 할 것이다.

### ■ 셋째, 실용성을 꼽을 수 있다.

의학의 목적은 사람을 치료하는 데에 있다. 사람을 치료하는 목적이 제대로 완수되기 위해서는 실용적인 것이 더 유리하다. 한국의 의사들은 이러한 점을 제대로 깨닫고 사변적인 이론보다는 실제성이 뛰어난 치료술에 더욱 관심을 기울였다. 『동의보감』에서 추구하는 것도 이러한 정신과 관련이 있다. 각 문별로 절제된 언어로 이론과 맥법 등을 나열하고 그 뒤에 질병을 분류하여 처방을 병기하고, 이어서 금기, 불치증, 단방, 침구법, 양생법 등을 병기하는 형식은 실용성을 중시하는 이 책의 특징을 엿볼 수 있게 한다. 이러한 정신은 향약(鄕藥:국산한약재)을 중시한 고려시대부터 널리 퍼져 이어져와 조선 초기에 『향약집성방』과 이어져온 것이다. 이러한 전통이 『동의보감』에 의해 꽃피고 후대로 이어진 것이다. 『동의보감』이 나온 후에 한국의 의약기술은 『동의보감』을 중심으로 흘러가게 된다. 『광제비급』, 『제중신편』, 『방약합편』등 의서에서 추구하는 것은 고도의 실용성이다. 이러한 실용을 중시하는 전통은 동 시기의 중국의학과 구별되는 점이다.

### ■ 넷째, 독창성이 있다.

한국 전통의약기술 가운데 독창성이 있는 것은 많이 있다. 이 가운데 사암침법, 사상의학, 부양론은 체계적인 치료법으로 중국의학과 달리 한국인에 맞는 독특한 수준을 보여주고 있으며 한국 한의학의 수준이 상당함을 입증하고 있다. 이러한 독창적인 의학적 지식 및 기술은 중국으로 다시 흘러 들어가 중국의 중의학의 발전에 기여하고 있다.

# 한의학과 대체의학

**1** 대체의학의 뜻

'대체의학' 이라는 용어 자체는 서양 의학 중심적인 사고에서 나온 것으로, 정통 서양 의학이 아닌 의료지식이나 기술을 가리킨다. 그래서 서양 의사나 의학자들은 아시아의 전통 의학을 진정한 의학적 지식이 아닌 비과학적 비의료적 지식으로 여겼다. 그런데 아시아의 전통 의학으로도 질병이 훌륭히 치료되는 것을 보고, 또 서양의 의학으로는 치료되지 않는 질환들이 치료되는 것을 보고는 그 효능을 부정할 수 없게 되었다. 이에 서양 의학을 보완하는 의미에서 동양의 전통 의학을 보완의학 또는 대체의학이라고 불렀다.

그래서 대체의학이라 하면 바로 동양의 한의학을 말한다고 생각하면 쉽게 이해 할 수 있을 것이다.

의료기술의 발달이나 그 역사를 살펴보면 한의학이 오히려 역사가 더 긴 정통 의학이고 서양 의학이 최근에 발달한 대체의학이라고 할 수 있다. 오늘날 서양 의학이 동양의 한의학에 집중적인 관심을 보이는 것도 동양의 한의학이 대체의학이라고 하기에는 너무 많은 의료 지식과 경험을 체계적으로 담고 있기 때문이다. 그리고 서양 의학이 다루지 못하는 여러 가지 의료 분야에서는 현대 의학적 지식을 넘어서는 부분도 있어 앞으로 미래사회에서는 우리의 전통 의학이 각광을 받을 수도 있다고 본다.

위에서 대체의학의 기본적 개념을 보았는데 한의학이 정통 의학으로 인정되어 일반 의료업계에 자리하고 있는 우리나라에서는 그 의미가 약간 다르게 사용된다. 즉 우리나라에서는 한의학이 대체의학의 범주에 속하지 않는 것이다. 그러나 어떻게 보면 한의학과 대체의학의 관계가 사실 모호한 점도 있어서 기술이나 의료 실제에 있어서 이것은 한의학이고 이것은 대체의학이라고 명확하게 구분할 수 없는 경우도 있다.

한의학과 대체의학의 생명 현상에 대한 인식은 곧 인간을 우주와 자연의 일부로 여겨 그들 상호간의 상관관계에서 이루어진다. 이러한 인식체계는 인간 자체에 대해서도 그대로 적용되어 육체와 정신, 기능과 구조의 종합적, 전체적, 유기적, 주관적 인식의 경향을 띤다. 즉 건강을 모든 요소들의 균형 상태로 파악하여 환경의 중요성, 정신과 신체의 상호의존성, 자연 본유의 치유력을 인정하여 환자의 질병 그 자체보다는 환자의 육체와 정신의 상호작용이나 관계, 그들의 사회적, 정신적 환경 등을 고려하여 환자를 진료하는 것이다.

이렇게 볼 때 대체의학과 한의학은 기본적 의학 체계가 서로 유사하다는 알 수 있다.치료원리 면에서도 대체의학의 치료관은 인체가 원래 지니고 있는 균형회복능력을 자극하여 몸이 스스로 치료하도록 유도하며, 치료의 대상이 질병 그 자체이기도 하지만 보다 근원적인 원리는 개인 전체의 균형력 회복이라 하겠다.

그래서 서양의학과 달리 대체의학에서 증상이란 약을 먹어 없애야 할 대상이 아니라 오히려 증상은 근원적인 불균형, 위약성, 체질 등을 알려 주는 지침이라고 여겨 건강을 유지하고 치료하는데 중요한 길잡이로 활용한다. 한의학의 치료관 역시 부분적인 증상을 제거하기 보다는 인체 전체의 균형 회복이라는 전체성 치료의 특징을 내포한다고 할 수 있다.

한의학에서는 환자를 인체의 조화가 깨어진 하나의 생명체로 생각하고 치료한다. 그래서 아무리 작은 질병이라도 환자 몸 전체의 불균형 상태로 보고 치료에 임한다. 따라서 치료라는 의미 또한 환자 몸 전체의 불균형 상태를 개선해 나가는 조치를 의미한다. 즉 불균형상태를 균형 상태로 되돌려 놓아 인체의 조화를 회복하는 것이다.

이처럼 한의학은 총체적인 의학으로서 어떠한 증상도 전체와의 관계를 떠나서는 이해할 수 없다. 그리고 한방치료의 주요 수단 중의 하나인 한약 역시 작용과 반작용의 양면성을 동시에 가지고 있다고 보고 이들의 상호작용을 통제함으로써 생체의 조화를 가져오게 한다. 결국 대체의학이나 한의학은 치료원리 면에서는 질병을 부분적으로 다루지 않고 인체 전체와의 종합적 상호관계 속에서 파악하고 그들 사이의 조화로운 균형 관계를 회복하도록 한다는 점에서 유사하다고 하겠다.

대체의료의 치료법 가운데 일반적으로 널리 알려진 치료법은 대략 30~40여 종류가 있으며, 일부는 한의학에서 이미 사용되고 있는 치료법이고 일부는 한의학의 범주 내에서 응용하여 한의학의 치료 역량을 보다 더 확대시키는 방안으로 연구되고 있다.

다음은 서양의학에서 말하는 일반적인 대체의료 기술이다.

- 자연의학(Naturopathic Medicine) : 약으로서 알려진 약을 쓰지 않고 공기, 광선, 물, 열, 마사지 등의 자연의 힘을 빌려 치료

- 명상요법(Transcendental Meditation) : 명상을 통하여 육체적, 정신적, 감정적 상태의 균형을 맞추어 줌으로써 치료

- 요가(Yoga), 기공치료(Qigong Therapy) : 육체적, 정신적, 심리적 에너지의 복합체로 보고 그 에너지의 조화로운 결합으로 치료

- 생약요법(Herbal Medicine) : 전 세계적으로 약 250,000-500,000 가지의 식물 중 현재로서는 약 5,000 가지 정도의 잎이나 뿌리나 열매를 적당히 섞어 먹음으로써 치료

- 꽃 요법(Flower Remedies) : 꽃을 이용하여 직접적으로 신체 및 정신의 양면으로 감정의 상태를 호전 시킴으로써 치료

- 향기요법(Aromatherapy) : 식물이나 생약으로부터 추출한 정

유를 사용하여 그로부터의 향기를 가지고 치료

- 소리 요법(Sound Therapy) : 소리와 음악을 환자에게 들려줌으로써 치료
- 원예요법(Horticulture Therapy) : 꽃을 키우고 채소를 가꾸는 등 식물을 키우는 원예 행위를 통하여 환자에게 자신감과 자존심을 길러주는 치료법
- 반사요법(Reflexolgy) : 인체의 특정한 부위에는 외부 자극에 특별히 예민하고 그 부위를 자극하면 체내의 다른 부위에 반사 반응을 일으킨다는 전제 하에, 마사지나 지압술 또는 열자극을 가함으로써, 그 국소뿐만 아니라 전신의 건강까지도 증진시킨다'는 이론을 바탕으로 한 치료법
- 봉침요법(Bee Venom Therapy) : 벌독을 이용한 치료법

............................

상기한 대체의료의 영역들은 아직도 그 효과나 부작용 등에 대해 과학적으로 검증되지 않는 부분이 매우 많으므로 무비판적으로 받아들인다면 건강에 위험을 줄 수도 있다. 그래서 무절제한 유행성적인 치료요법으로 받아들일 것은 아니며, 항상 비판적인 시각을 유지하되, 과학적인 검증 과정을 거쳐 이로운 분야는 임상적으로도 이용할 수 있도록 하는 열린 자세가 필요하다.

이러한 서양의학의 관점에서 본 대체의료요법과 달리 우리나라에서 말하는 대체의학은 보다 체계적인 학문적 의료체계를 갖춘 것으로 단지 의료법으로 인정받지 못한 전통 의료 기술을 말한다.

이 문제는 추후 논의 과정을 거쳐야 할 부분으로서 우리나라의 특수성을 고려하여 제도화 여부를 결정해야 할 것이다.

이러한 의료 기술 이외에 일반 민간에서 내려오는 치료법도 대체의학에 포함하는데 일반적으로 '민간요법'이라고 불린다. 이들 중 대다수는 사람들의 입을 통하여 전해오지만 책으로 만들어져 전해 내려오는 것도 있다. 오늘날 이 민간요법의 효과라든지 약리성에 관심을 두고 많은 연구가 국내외적으로 이루어지고 있다.

그래서, 대체의학을 미신이라고 생각해서는 안 되고, 그렇다고 정식 의료기술이라고 생각해서도 안 된다.

질병 치료는 인간의 생명과 직결되는 문제이기 때문에 소문이나 선전에 귀를 기울이지 말고 일단 정통 의료체계에 의존하는 것이 타당할 것이다.

# 의료서비스업의 경향

## 의료서비스의 변화

### 1  소비자 중심의 시장 재편

의료서비스시장은 기존의 공급자 중심 구조에서 탈피하여 고객수요 중심으로 전환되어 공급자가 아닌 소비자의 선호와 편의에 초점을 맞추어 의료서비스를 제공하는 다양한 시도들이 이루어지고 있다.

유럽에서는 대부분의 의료서비스 공급자가 공적체계에 포함되어 있고 의료서비스 이용 또한 자유경쟁체제에서 벗어나 있어 의료 비즈니스 혁신의 분위기가 뚜렷하지 않았다.

그러나 근래 획일적 공적 의료서비스에 대한 소비자 불만이 증가하고, 다양한 선호를 가진 능동적인 소비자가 형성되면서, 민간부문 내부에서 새로운 비즈니스 유형이 활발히 출현하고 있다.

1990년대 미국에서는 관리기법의 혁신을 통한 경영 혁신이 일반 소매서비스업에서 이루어졌는데 이는 특정 소비자층을 파고들어가 연관된 총체적인 상품과 서비스를 제공하는 전략이었다. 물론 컴퓨터 등과 같은 커뮤니케이션 신기술 발전의 도움을 받았지만 이들은 경영혁신을 보조한 것에 불과하며, 핵심은 소비자 후생을 증가시킨 관리기법의 혁신이었다고 평가된다. 즉 '서비스업의 혁신이란 소비자가 원하는 것을 정확히 파악하여 상품과 서비스를 기획하고 고객을 관리하는 것'이란 생각이 성공의 비밀이었던 것이다.

그러나, 이런 생각은 의료서비스 부문에서는 간과되었다. 이는 근본적으로 비즈니스 모델의 혁신으로 나타나는 '소비자 권력'이 의료서비스부문에서 크게 힘을 쓰지 못하였기 때문이다.

소비자가 무엇을 필요로 하는지, 무엇이 소비자에게 편리한지를 파악하지 못하거나, 파악했다하더라도 선택을 통해 시장에 영향을 미칠 통로가 없다면 결국 공급자가 소비자를 중심에 놓고 경영혁신을 모색할 이유가 없게 되는 것이다.

특히 의료서비스 체계가 공적 시스템 속에서 관리되는 유럽과 같은 경우에는 더욱 경영 혁신의 필요성을 가지지 못한 것은 당연한 일이라 하겠다.

그러나 산업기술의 발달과 경제성장의 결과로 시민들은 보다

나은 서비스를 원하게 되었고 이러한 시대적 환경의 변화와 더불어 1990년대 이후에는 전통 의료서비스 제공 역시 경영 혁신의 바람을 피해가지 못하였다.

병원 연합시스템은 의료서비스 제공이라는 측면에서 하나의 전환점을 이루는데 원래 시작할 때에는 소비자의 편의나 선호를 중심으로 고려된 것이 아니고 의료서비스 제공자들이 진료비 협상에서 유리한 위치를 점유하기 위해 자기들 끼리 뭉치자는 것이었다. 그래서 의사들 끼리 연합하고 병원 끼리 연합하였다. 그 결과 2001년에는 약 54%의 의료서비스 기관이 네트워크 병원으로 활동하였다.

그러나 이러한 병원 네트워크에 대한 평가는 그다지 긍정적이지 않다. 애초 병원들은 네트워크를 통한 통합이 의료서비스 제공의 효율성을 높이고, 리스크를 줄이며, 의료서비스 품질 향상은 물론 비용 감소라든지 진료의 연속성 제거 등의 긍정적인 효과를 낳을 것으로 기대하였다. 그러나 개별 병원들의 이해관계 속에서 외형적으로 공통의 구조와 조직만 갖추었을 뿐이고 공통의 진료표준과 경영표준을 도입하거나 의사와 경영자에게 인센티브를 제공하는 데에는 실패했다고 평가된다. 왜냐하면 애당초 공급자의 이해를 중심으로 통합이 이루어짐에 따라 소비자의 이해와 수요를 반영하지 못했기 때문에 소비자는 수많은 제공자들이 있었음에도 불구하고 자신의 기호에 맞는 의료서비스 제공자를 선택할 수 없어 불만이 많았다. 즉, 소비자는 소비자가 원하는 수준의 통합적 진료를 원했지만 네트워크 병원은 병원 중심의 통합진료 서비스를 제공했기 때문에 소비자의 만족도를 충족시키지 못하였다.

### 3  소비자 지향의 새로운 서비스 제공 추세 : 맞춤형 통합진료

의료기술의 발전과 인구 구조 및 질병 패턴의 변화는 전통적 의료서비스 제공방식을 크게 변화시키고 있다. 기존의 경직된 서비스 공급과 공급자 중심의 서비스 공급은 이제 한계에 부닥치게 되었다. 수많은 의료기관이 등장하면서 병원 상호간의 경쟁력이 치열해지고 병원을 바라보는 환자의 시각도 변하여 병원은 지난날의 지위를 상실하고 다양한 의료시스템의 한 요소로 인식되기 시작한 것이다.

그래서 1980년대 이후 유럽 각국에서는 병원의 규모를 줄이고 외래진료나 재활치료 같은 서비스는 병원 바깥으로 내보내고 있다. 이는 비용절감이라는 측면도 있지만 의료기술과 의약품의 발달로 인하여 병원이 아니더라도 해결할 수 있는 영역이 증가하였고, 특히 환자들이 편안한 환경에서 의료서비스를 제공받는 것이 바람직하다는 인식이 있었기 때문이다.

이제 의료서비스 제공은 공급자인 병원이나 의사 중심이 아니라 치료를 받는 환자 중심으로 그 체계가 바뀌어 가고 있는 것이다.

이러한 변화는 외래진료나 재활치료에서만 나타나는 것이 아니고 의료서비스 시장 전반에 걸쳐 나타나고 있다. 특히 정형외과, 노인병, 재활 등을 통합시킨 패키지 서비스 같은 경우를 보면 의료서비스 시장이 환자의 다양한 욕구를 동시에 만족시키는 통합된 방식으로 재조직되고 있음을 알 수 있다. 바로 의료 서비스 소비자의 불편 문제를 극복하고자 하는 '소비자 지향'적 의료서비스 관점이 작용하고 있는 것이다.

소비자 지향적 추세는 의사, 병원, 요양병원, 의료기술 등 공급자 측면에서 구분되어 있는 구분되어 있는 의료서비스 시장을 환자의 상태와 욕구 중심으로 서비스 제공 패턴을 바꾼다는 의미이다.

예를 들면 미국의 경우 2,000만 명 이상의 당뇨환자가 존재하는데 이 중 절반 이상은 고혈압 증상을, 1/10은 천식, 심장질환, 행동장애를 동시에 가지고 있다. 그래서 이전에는 환자들이 당뇨병을 치료하기 위해서는 이 병원을, 고혈압을 치료하기 위해서는 저 병원을 심장질환은 이 병원, 천식은 저 병원 하는 식으로 찾아 다녔다. 그러나 오늘날에는 이렇게 복잡하고 다양한 환자의 필요를 만족시키기 위해 환자에게 초점을 맞춘 맞춤서비스가 제공된다는 것이다.

이러한 시도들은 꼭 병원이라는 기관에 한정되지 않고, 다양한 범위의 다양한 비즈니스 유형 간의 융합과 협력의 모습으로 나타나고 있다.

의료서비스 시장에서 이미 병원은 예전의 지위를 상실하였으며 소비자 중심의 광범한 의료서비스 제공 시장의 한 요소로서 간주될 뿐이다. 알다시피 점점 더 많은 의료서비스가 독립적인 외래수술센터나 영상진단센터 등 병원 외부에서 제공되고 있으며 기존의 병원들의 역할이 가정진료회사, 요양건강센터, 의료기기회사, 헬스클럽, 위성 클리닉, 긴급진료센터 등의 기관으로 이동하고 있어 병원의 전통적 이미지가 붕괴되어 가고 있다.

### 4 소비자 지향의 산업 간 융합과 신산업의 출현

■ **건강관리서비스 회사**

건강관리서비스 회사는 의료영역과 건강관리영역을 융합시킨 넓은 범위의 통합적 케어서비스를 제공하는 비즈니스 모델이다. 건강한 삶에 대한 관심이 높아짐에 따라, 질병치료 중심의 전통적 의료서비스를 여타 서비스 및 기술과 융합시킨 산업의 한 예라고 하겠다.

이는 소비자가 자신이 원하는 방식으로 건강을 관리하고 유지하려는 욕구를 산업적인 방식으로 충족시키는 서비스이며, 장기적인 수요 증가가 예측되어 산업의 전망은 밝다고 할 수 있다.

건강관리서비스 중 핵심적인 부분은 질병관리 등 의료서비스와 긴밀한 연관을 가지는 기타 영역의 서비스를 유연하게 결합하여 일반인들에게 삶의 질을 높이는 종합적 서비스 제공 시스템이라 하겠다.

세계적으로 성공한 비즈니스 모델에서는 개인의 건강상태에 따른 맞춤형 서비스를 다양한 형태로 제공하고 있으며, 치료와 직접 관련이 없는 산업들과 의료서비스를 융합하고 있다. 대표적 건강관리서비스회사인 healthway사는 총체적 건강관리를 통해 2008년 5,500만달러의 수익을 올렸다.

### ■ IT를 이용한 U-health

U-헬스는 정보기술과 의료서비스 관련 서비스들을 융합시켜 부가가치를 창출하는 새로운 서비스산업 분야이다.

의료서비스는 병원에서 의사가 제공하는 것이라는 의료기관 중심의 인식이 이용자 중심의 인식으로 변화되면서, 생활 속에서 편한 시간에 편리한 방식으로 의료서비스를 이용할 수 있도록 정보통신기술과 의료서비스가 결합하는 것이 U-헬스이다.

U-헬스에는 전통적 의료서비스를 원격으로 제공하는 '원격진료'와 정보기술을 매개로 전통적 의료와 건강관리서비스를 융합하는 '융합형 서비스'가 포함된다.

첫째, 원격진료는 진료실에서 이루어지던 대면진료를 IT기술을

활용하여 공간적으로 확장하여 원격으로 수행하는 것이
다.

둘째, 융합형 서비스는 정보통신기술을 의료 및 건강관리서비
스와 연결하여 언제 어디서나 관련 서비스가 제공될 수
있도록 시스템화 한 것이다.


IT를 활용한 U-헬스는 향후 새로운 서비스가 지속적으로 개
발되어 산업이 확장될 것으로 예측된다. 생활공간에 센서 및 컴퓨
팅 기기를 내재화시켜, 건강진단이나 질병관리, 응급관리, 의사와
의 만남 등 병원에서만 이루어지던 의료행위를 일상생활의 공간에
서 이루어지게 하는 것이다. 일상적인 편리한 공간에서 혈압, 맥박,
혈당 등 생체 및 건강 정보를 측정하고 축적해 지속적으로 건강을
관리하는 의료서비스를 지향하기 때문에 건강관리서비스와 자연
스레 결합하고 있다.


## 의료관광


의료관광이란, 의료서비스를 받기 위해 다른 곳으로 여행을
가는 일련의 활동을 뜻한다.

현재 태국, 인도 및 싱가폴을 중심으로 하는 의료관광 산업이
호황을 누리고 있으며 앞으로 이 시장은 더욱 커질 것으로 본다. 이

는 선진국 수준의 의료기술을 갖추고 있지만 의료비용이 서구에 비하여 저렴한 우리나라로서는 상당한 경쟁력을 갖고 있는 산업 분야라 하겠다.

우리나라는 그동안 의료관광을 등한시 해왔지만 2009년부터 정부가 적극적으로 의료관광 활성화에 나서고 있다. 그래서 의료관광 산업을 신성장동력 산업으로 선정하고 의료관광통역사 양성, 의료관광비자 발급, 의료관광 유치기관 등록제 실시, 의료기관의 숙박업 및 부대사업 허용 등 다양한 지원정책을 펴고 있다. 그 결과 출발은 늦었지만 이제 가장 강력한 의료관광 산업국으로 성장하고 있다.

한 조사에 의하면 가장 가고 싶은 의료관광국에 우리나라가 뽑혔으며 특히 선진국 여성들에게 인기가 높은 것으로 나타났다.

의료관광 추진에 있어서는 국가별 전략을 세워 홍보활동을 펼치고 있는데, 미국 교민은 건강 검진과 전문시술 및 치과치료, 러시아와 몽골은 건강검진을 통한 질병치료, 일본은 메디컬스킨케어와 미용치료 및 한방, 중국은 성형과 중증치료 및 치과치료, 중동은 당뇨, 비만에 관련된 전문치료 등 국가별 의료 분야를 세분화하여 상품을 개발하고 있다. 이를 위하여 정부는 의료법과 의료광고법을 개정함은 물론이고, 건강검진을 비롯한 건강과 직접적인 관련이 있는 진료에서부터 메디컬스킨케어, 성형과 같은 미용치료 및 치과진료까지 연결한 의료 패키지 상품을 개발하여 시장별로 차별화된 의료서비스를 제공하도록 노력하고 있다.

의료관광 산업을 통한 연간 수입과 전망

(단위 : 억원)

| 2009년 | 2011년 | 2013년 | 2015년 | 2020년 |
|--------|--------|--------|--------|--------|
| 1,509 | 3,558 | 7,501 | 12,740 | 55,101 |

## 선택진료제

　의료행위는 그 자체가 고도의 전문적인 지식, 기술과 경험을 필요로 하는 행위이다. 그러므로 "의료법"은 전문적인 자격을 갖춘 의료인만이 의료행위를 시행할 수 있도록 하고, 환자의 질병에 맞는 의료행위의 선택과 시행은 의료인에게 맡기고 특별한 규정이 없는 한, 누구든지 간섭하지 못하도록 규정하여 의료인에게 전문적인 의료행위를 보장하고 있다.

　그러나 동일한 환자일지라도 그 전문적인 의료행위를 어떤 의사가 시행하느냐에 따라 그 결과는 달라질 수 있다. 이런 상황을 잘 아는 환자와 그 보호자는 이른바 유명한 의사가 있는 병원을 찾아가서 진료를 받고 싶어한다. 그래서 환자의 진료를 의사들에게만 맡기는 것이 아니고 이제는 환자 스스로가 자신이 원하는 의료서비스를 받을 수 있도록 선택권을 부여하자는 취지에서 나온 것이 바로 선택진료제도라는 것이다.

1 선택진료제의 대상이 되는 의사

- 면허 취득 후 15년이 경과한 치과의사 · 한의사
- 전문의 자격인정을 받은 후 10년 경과한 의사
- 전문의 자격 인정을 받은 후 5년이 경과한 조교수 이상인 의사(한의사,치과의사)
- 면허 취득 후 10년이 경과한 조교수 이상인 치과의사

 선택진료제도란

"의료법 제 46조"에 근거하여 의료기관에서 환자 또는 그 보호자가 특정 의사를 선택하여 진료를 받을 수 있도록 하는 것인데 특별한 사유가 없으면 환자나 그 보호자가 선택한 의사에게 진료를 받게 해야 한다. 단, 선택한 의사가 일정한 자격을 지닌 의사일 경우에는 진료에 대해서는 추가비용을 징수할 수 있다.

이 제도의 근본적인 목적은 의료기관에 내원하는 환자 및 그 보호자에게 의사 선택권을 보장하여, 실질적인 진료와 치료에 따른 심리적인 안정을 도모할 수 있도록 특정의사를 선택하여 질 높은 서비스를 제공받을 수 있는 권리를 부여하는 데 있다.

이 선택진료제도는 당연히 의사를 선택할 수 있는 규모의 병원 즉 종합병원 · 병원 · 치과병원 · 한방병원 또는 요양병원 등에서만 가능하다.

선택진료제는 1963년 처음으로 특진제도라는 명칭으로 도입되었다가 1991년에는 지정진료제도로, 그리고 2000년 9월에 선택진료제도로 이름 바꾸었다.

# 의료시장 해외개방

1  해외개방의 문제점

의료시장의 해외개방이라는 것은 외국의 자본이나 외국 의료 인력이 우리나라에 들어와서 병원을 운영하거나 진료 행위를 하는 것을 말한다.

세계화와 더불어 의료시장의 개방은 피하지 못할 사항이지만 국내 의료계 상황을 고려하여 국가적 차원의 대책이 필요할 것이다. 지금까지는 우리나라 국내 의료 수가가 낮기 때문에 외국에서 선뜻 들어오지 못하고 있지만 해 마다 외국의 수준 높은 진료를 받기 위해 해외로 나가는 국민들과 그들이 외국에서 지불하는 의료비가 연간 1조원이 넘는다는 생각을 하면 수수방관할 사항은 아닌 것 같다.

또한 우리나라 의료업계 자체도 해외로 진출하기 위하여 저개발국가로의 진출을 준비하고 있는 것을 볼 때 의료시장의 해외개방은 시간문제이지 규제문제는 아닌 것 같다.

현재 우리나라는 우리보다 의료 수준이 낮은 국가에 대해서는 개방을 요구하고 있지만 우리 보다 의료수준이 높은 국가에 대해서는 우리나라 의료시장을 개방하기 꺼려하는 이중적 태도를 보이고 있다. 여기에는 단지 시장점유 문제만 있는 것이 아니고 국민 전체가 누리고 있는 저가의 의료보험제도 자체가 영향을 받아 흔들

릴 수도 있다는 염려 때문이다.

　더구나 우리나라에서 의료기관은 비영리법인이라서 외국의
의료영리법인이 들어 올 경우에 법제도상의 문제도 해결해야 할
과제 중의 하나라 하겠다. 무턱대고 영리 의료법인을 허가해 줄 경
우, 의료서비스 차별에 의한 국민간의 위화감 조성은 물론이고 궁
극적으로 전반적인 의료수가의 향상으로 이어져 서민들의 불만을
가져올 수 있다.

　또한 외국의 거대한 의료자본을 등에 업고 국내에서 개업한
외국병원들이 거액의 연봉으로 국내 우수 의료인력을 흡수하여 고
품질의 의료서비스를 제공한다면 우리나라 중·소병원들은 경쟁
력을 잃고 경영난에 허덕이다가 폐업하는 사례가 발생할 수도 있
는 것이다.

그러면 외국 의료기관들에 의해 국내 의료 시장이 점령당하게 될 것이고 결국 우리 국민들에게 그 폐해가 돌아갈 것이다.

따라서 의료시장을 해외개방에 하는데 있어 다음과 같은 조건이 선행되어야 한다.

우선 속도와 시기, 범위를 적절히 조절해야 한다. 단순히 의료시장을 개방해 벌어들일 가시적인 성과와 단편적인 논의들을 벗어나 장기적으로 안전하면서도 꾸준히 발전할 수 있는 의료시장으로서 개방될 수 있도록 장기적인 안목으로서 사업을 바라보아야 한다. 또한 그 가운데 발생할 수 있는 불공정한 경쟁을 최소화 하는데 역시 힘써야 한다.

정부의 정책과는 별개로 의료인들 역시 의료시장 변천에 따른 대처방안을 개발하고, 해외 의료시장으로의 진출을 모색하며, 병원의 경영 기술을 향상하는데 노력해야 한다. 이제까지의 공공기관으로서의 서비스체계를 벗어나 소비자 욕구 중심의 새로운 경영방식을 접목해야 할 것이다.

동시에 경쟁력을 가지기 위해서는 자체적으로 의료서비스의 질적 향상을 위하여 혁신적인 생각의 전환으로 다양한 융합적 의료서비스를 개발하여 의료선진국으로 나아가는 발판을 만들어야 할 것이다. 중국은 현재 서양의 의학과 중국의 전통 의학을 결합하는 중서의학 융합을 시도하고 있으며 이를 무기로 삼아 한국이나 일본 등으로 진출을 시도하고 있다.

우리나라의 의료기술이 이미 선진국 수준에 이르렀고 의료시

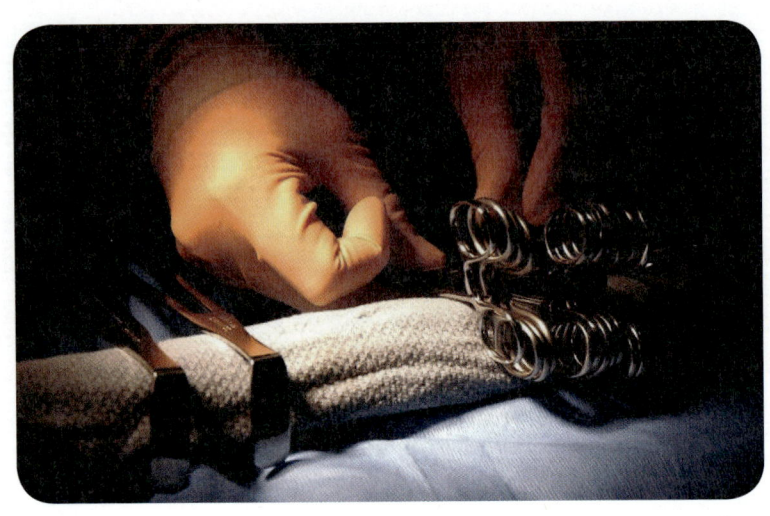

장의 개방이 국제적 흐름임과 동시에 웰빙이 현대인의 가치 중심에 자리하고 있어서 시장을 폐쇄적으로 막는 것으로 끝날 일은 아닌 것 같다. 그보다는 적극적으로 법제도를 개선하고 다양한 의료 서비스 상품을 개발하는 등의 경쟁 체제를 만들어야 할 것이다.

### 2  외국의사의 진료 활동

외국의 의료인(의사, 치과의사) 면허를 가진 자도 다음의 경우에 한하여 우리나라에서 의료행위를 할 수 있다.

1. 외국과의 교육 또는 기술협력에 따른 교환교수의 업무
2. 교육 연구 사업을 위한 업무
3. 국제의료봉사단의 의료봉사 업무

그런데 2013년부터는 우리나라 병원급 이상의 의료기관에 연수 온 외국의 의사나 치과의사도 3년 이상의 임상 경력이 있다면 신청에 의해 일정한 범위 내의 의료 행위를 할 수 있다. 단 3개월 이상 연수를 조건으로 1년 동안 한국에서 의사로 일할 수 있으며 국가나 정부 간의 협정에 의해 연수 온 경우에는 총 2년의 범위 내에서 연장이 가능하다.

# PART 2

## 직업으로서의 의사

의사는 의료 기술을 가진 직업인이기 이전에 인간의 생명과 건강을 유지 개선해나가는 일을 하는 전문가이다. 그래서 고대로부터 동서양을 불문하고 의사들은 소중한 사람들로 대우를 받아왔으며 오늘날에도 시장의 질서에만 맡겨 놓을 수 없는 없게 하는 이유이다. 소크라테스는 "진정한 의사는 돈벌이하는 사람인가요, 아니면 환자들을 돌보는 사람인가요?"라는 질문에 대해 "환자들을 돌보는 사람이다"라고 했다. 동양에서는 의술을 인술(仁術)이라고 했다. 말하자면 사람들에게 사랑을 베푸는 기술이라는 말이다.

# 1
# 의료전달체계와
# 환자의 진료

만일 환자들이 우수한 의료 서비스를 받고자 종합병원을 비롯한 대형병원으로 모두 몰리게 되면 대기하는 환자가 너무 많아 진료를 효율적으로 받을 수 없을 뿐 만 아니라 의사들도 자기의 능력을 충분히 발휘할 수 없게 된다. 또한 지역의 조그만 병원들은 손님이 없어서 병원 문을 닫아야 하는 경우가 생길 수 있다. 그러면 환자나 의사 모두에게 손해이며 국가적 차원에서 의료자원을 낭비하는 결과가 된다.

그래서 사회의 의료자원을 효과적으로 활용하고 환자들이 손쉽게 그리고 효과적으로 진료를 받을 수 있도록 의료서비스를 제공하는 단계를 지역단위로 설정해 놓은 것을 의료전달체계 또는 의료서비스 공급체계라 한다.

우리나라에서는 시 · 군을 단위로 하여 1차 진료영역을 정해 놓았다. 말하자면 생활하는 곳 주변의 병원에서 먼저 진료를 받도록 한 것이다. 사실 일상생활에서 발생하는 상당수의 질병은 간단한 치료로도 고칠 수 있고 특별한 전문 의료기술이나 지식이 필요 없는 경우가 많기에 구태여 먼 거리에 있는 대형 종합병원으로 올 이유가 없다. 이런 가벼운 질병의 환자들이 종합병원에 몰리게 되면 종합병원이 가지고 있는 전문성, 즉 심각한 질병을 앓고 있는 환자들을 돌볼 수 없게 된다. 그래서 생활지역을 중심으로 1차 진료영역을 설정하여 환자들이 편리하게 의료서비스를 받도록 함과 동시에 중환자들에게는 전문적인 치료의 기회를 더 많이 주도록 하고 있다.

1차 진료기관에서 진료할 수 없는 질병을 가진 환자는 의사의 진료의뢰서와 의사소견서 등을 가지고 2차 진료기관으로 가는데 2차 진료기관은 도 단위로 설정되어 있다. 그리고 2차 진료기관은 규모도 종합병원 이상이며 많은 진료과목과 함께 전속 전문의를 갖추고 수술이나 입원 치료를 주로 하는 병원이다. 그리고 마지막으로 3차 진료기관인데 이는 전국에서 오는 환자를 대상으로 진료하며 종합병원 중에서도 상급종합병원이 여기에 해당된다. 3차 진료기관에서는 1차나 2차 진료기관에서 해결하지 못한 질환 또는 생명이 위험하거나 고도의 전문성을 지닌 치료가 필요한 환자를 입원 치료하는데 대학병원 같은 곳이 이런 3차 의료기관이 된다. 물론 환자는 자기가 원한다면 이런 과정을 반드시 거쳐서 진료를 받지 않아도 된다. 바로 2차나 3차 의료기관에 가서 1차 진료를 받아도 된다. 하지만 그런 경우에는 비싼 의료비를 지불해야 한다.

1차 진료는 질병이 발생했을 때 처음으로 병원에서 받는 진료를 말한다. 이러한 진료는 일반적으로 환자의 동네에 있는 의원급 병원이 담당하는데 이런 병원의 의사들은 지역의 가족을 단위로 진료를 하는 경우가 많아 가정 주치의라고 할 수 있다.

이들 1차 진료의사가 진료하고 필요에 따라서 환자를 분류하여 전문의에게 보다 상세한 진료를 의뢰하든지 2차 진료기관인 병원 또는 3차 진료기관인 대형종합병원으로 환자를 후송 조치한다.

2차 진료기관은 30병상 이상의 병원과 500병상 미만의 종합병원이 여기에 속하는데 1차 진료기관에서 의뢰받은 환자나 3차 진료기관에서 진료하기 전 단계의 질병에 대한 진료를 한다.

2차 진료기관에서는 1차 진료업무도 볼 수 있으며 기본 4과 이상의 진료과목과 전문의를 갖추고 수술을 비롯한 대부분의 질병을 진료할 수 있다. 또한 응급실을 갖추고 응급환자를 돌볼 수도 있으며 입원환자 외래환자 모두 진료한다.

3차 의료기관은 1, 2차 의료기관에서 치료가 어려운 환자나 상태가 위중하여 긴급을 요하는 환자를 수용·처치할 수 있는 의료기관이다. 예를 들면 다발외상, 뇌혈관장애, 심근경색 등 심폐위기에 직면한 환자를 수용, 치료하는 의료기관으로서, 이곳에서는 가장 높은 수준의 진단과 치료가 24시간 체제로 실시된다.

이러한 의료기관에서는 뇌신경외과, 순환기과, 마취과 등의 전문의들은 물론이고 기타 상근의료 종사자 및 대기의사 등으로 진료 시스템을 구축하여 24시간 진료체제를 갖추고 위독한 응급환자의 구명처치에 필요한 설비를 갖춘 구명구급센터의 역할도 한다.

# 2

# 의사, 치과의사,
# 한의사가
# 하는 일

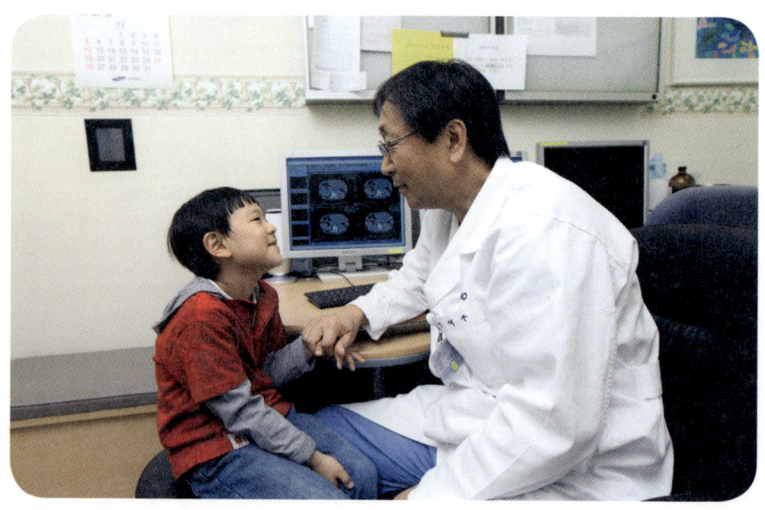

의사, 치과의사 또는 한의사는 모두 질병을 치료하는 의료인들이기 때문에 일하는 방식과 진료하는 영역이 다를 뿐 그 내용은 질병을 정확히 진단하고 효율적으로 치료하여 국민의 건강을 되찾아준다는 점에서 공통적이라고 하겠다.

이들이 직업으로서 하는 일은 환자를 대상으로 우선 진찰을 하고 이를 좀 더 정확히 알기 위하여 검사를 한다. 그리고 진찰과 검사의 결과를 가지고 어떤 질환이라고 판단되면 그에 적합한 치료를 하고 되도록 빨리 건강을 되찾을 수 있도록 치료 후 환자를 관리하는 것이라 하겠다.

그래서, 의사는 모두 이러한 과정의 일을 하는데 각자의 의료영역에 따라 그 방법이나 진료수단이 다를 뿐이라 하겠다.

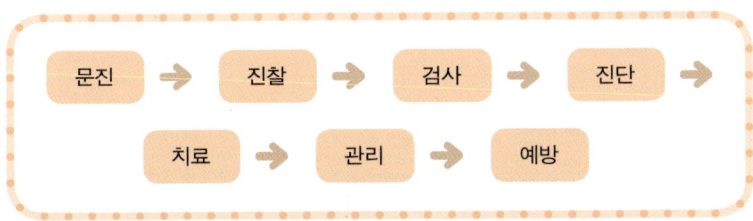

## 의사의 업무

의사가 환자를 진찰할 때 사용하는 가장 원시적이지만 가장 중요한 도구가 바로 의사 자신의 눈과 귀와 코와 손이다. 물론 청진

기나 체온계, 혈압계 등을 사용하지만 이는 보조수단일 뿐이다. 그래서 의사들은 환자에게 왜, 어디가 불편하여 왔는지를 먼저 물어본다. 그 다음에는 이전에도 아픈 적이 있는 지 가족 중에는 아픈 사람이 없는지 등을 물어보고 난 뒤에 혈압이나 체온을 재고 청진기로 진찰하며 손으로 여기저기를 눌러보거나 환자의 사지를 움직여 보기도 한다.

그 다음에는 환자의 질환에 따라 좀 더 명확한 정보를 얻기 위하여 혈액이나 소변검사를 하며 X-ray나 다른 영상 촬영을 한다.

이러한 진단 과정이 끝나면 환자의 질환이 어떤 종류라는 판단을 하게 되고 그에 따라 적절한 치료를 한다. 즉, 약을 투약하거나, 주사를 놓기도 하고, 환부에 대한 수술이나 물리치료를 한다. 그리고 질환의 상태에 따라 환자를 병원에서 입원치료하거나 집에서 통원치료하도록 결정한다.

그런데 환자의 질병에 대하여 좀 더 자세히 검사해봐야 할 필요가 있든지 아니면 큰 수술을 해야 할 것 같으면 종합병원으로 환자를 이송하든지 의사소견서나 진료의뢰서를 첨부하여 환자를 좀 더 큰 병원으로 가서 진료를 받게 유도한다.

의사가 하는 일을 좀 더 자세하게 살펴보면 다음과 같다.


■ 방문 이유 확인하기
■ 주요 병력 확인하기
■ 활력징후(혈압, 맥박, 호흡, 체온) 측정하기

- 두경부(머리, 눈, 귀, 코, 입, 인후, 목) 진찰하기
- 가슴 및 폐 진찰하기
- 복부 진찰하기
- 근골격계 진찰하기
- 신경 정신계(뇌신경, 운동신경, 감각신경, 반사신경, 정신상태) 진찰하기
- 병리검사하기 : 혈액, 소변, 화학, 미생물, 조직
- 영상 검사하기 : X-ray, CT, MRI, 초음파, 골밀도
- 기능 검사하기 : 심전도, 폐기능, 내시경
- 감염질환 진단하기 : 결핵 , 피부사상균증, 피부감염, 법적 전염병, 기생충 질환,…
- 소화기질환 진단하기 : 복통, 설사, 역류성 식도질환, 위염, 소화성 궤양, 대장염, 식중독,…
- 심혈관질환 진단하기 : 관상동맥질환, 부정맥, 고혈압, 선천성 심장질환, 감염성 심내막염,…
- 호흡기질환 진단하기 : 호흡곤란, 부비동염, 만성폐색정 폐질환, 기관지 확장,…
- 내분비대사질환 진단하기 : 갑상선 기능저하, 뇌하수체 종양, 당뇨병, 고지혈증, 골다공증,…
- 혈액종양질환 진단하기 : 빈혈, 출혈성질환, 백혈병, 암, 난소종양,…
- 신장·요로질환 진단하기 : 배뇨 이상, 혈뇨, 단백뇨, 급만

성신부전, 신부전, 요로결석,…

- 알레르기질환 진단하기 : 만성기침, 알레르기비염, 기관지 천식, 음식물알레르기, 두드러기,…
- 근골격계·류마티스질환 진단하기 : 관절통, 류마티스 관절염, 전신성홍반선낭창, 골절,…
- 신경질환 진단하기 : 의식장애 감별, 두통, 뇌졸중, 뇌막염, 경련성질환, 치매,…
- 정신질환 진단하기 : 불면증, 불안장애, 주의력결핍, 품행장애, 정신분열증,…
- 신생아 영아질환 진단하기 : 신생아 황달, 영아 설사, 호흡 곤란증후군,…
- 성장발달 진단하기
- 응급 특수상황 진단하기 : 외상, 화상, 약물중독, 임종
- 약 처방
- 주사 처방
- 수술
- 물리치료 처방
- 문서관리하기
- 위생관리하기
- 예방 투약하기
- 예방 접종하기
- 건강 검진하기

- 지역사회보건 활동
- 예방 교육하기

## 치과의사의 업무

치아와 잇몸, 구강조직의 질병이나 상해 및 기능 이상을 진단하고 약물이나 수술 또는 교정으로 질환과 부정교합을 치료하는 의사인데 진료 분야만 의사와 다를 뿐 진료 과정은 대동소이하다.

- 방문 이유 확인하기

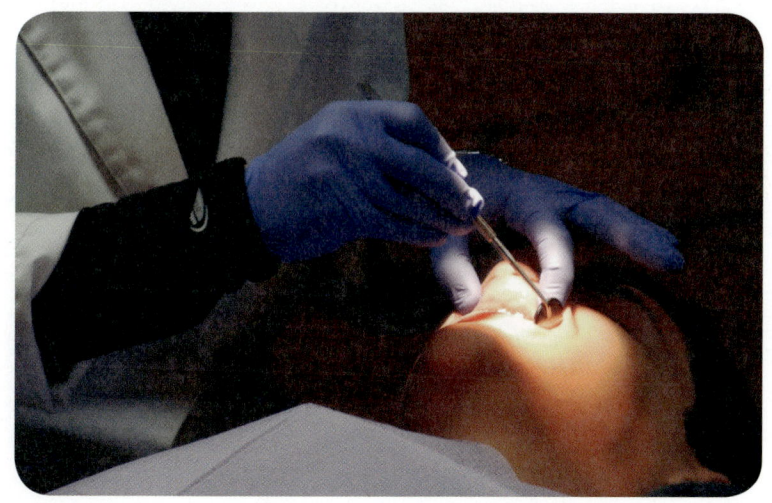

- 주요 병력 확인하기
- 구강내외 상태 진찰하기 : 치주, 치아, 교합, 구강점막, 구취, 구강악안면동통
- 활력징후(혈압, 맥박, 호흡, 체온) 측정하기
- X-ray, CT 검사하기
- 두부방사선 검사하기
- 병리검사하기 : 정맥혈액, 박리세포
- 회전공구, 수공구 등 치과기구를 사용하여 외과적 수술 및 약물치료 하기
- 치아보존적 치료하기 : 치아를 청소하고, 홈을 때우며, 아말감 · 금 씌우기, 치아미백
- 치주 및 구강점막 치료하기 : 치태 · 치석 제거, 치조골 성형, 치주 치료, 치은 절제,…
- 외과적 치료하기 : 발치, 연조직 봉합, 항생제 투여, 절개, 매복치 발치,…
- 임플란트 시술하기
- 보철 시술하기
- 부정교합 치료하기 : 교정, 간격 유지 장치 시술, 악습관 관리
- 예방적 치료하기 : 치주질환 진단 예방하며 치료하기, 불소 도포, 치태 조절
- 잇몸 염증과 치석 제거, 치아 미백, 치아의 맞물림 상태를

교정하기

- 구강악안면기능장애 치료하기 : 이갈이 치료, 측두하악장애 치료, 구강건조증 치료
- 의료문서 작성하기 : 진단서, 소견서
- 관리하기 : 물품, 문서, 감염, 인력, 시설,…
- 칫솔질 및 치실 사용 등의 올바른 구강관리 교육하기

치과의사 면허를 취득하면 일반치과의사로 개원이 가능하며, 치과전문의 제도가 시행되면서 총 10과의 전문분야 중 한 분야를 전문적으로 진료하는 치과전문의가 될 수도 있다.

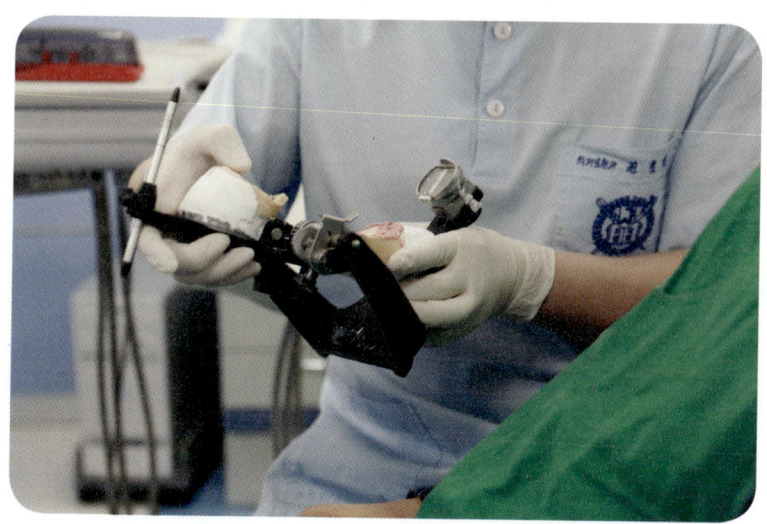

## 치과 전문의 분야

■ **구강악안면외과** : 턱과, 목, 얼굴 등의 악안면 질환을 치료하고, 치아교정 및 턱 수술 시행

■ **구강내과(구강진단과)** : 턱관절질환이나 구강점막질환, 구강건조증, 입냄새 등을 진단 치료

■ **치과보철과** : 사고나 질환으로 결손된 치아 및 조직을 인공적 장치물로 대치

■ **치과교정과** : 치아 기형 및 불균형 치열 교정 · 예방하며, 턱 및 치아의 부정교합도 교정

■ **소아치과** : 어린이의 구강 관련 질환 진료 및 치료

■ **치주과** : 잇몸 염증과 치석 제거, 잇몸 수술 등 잇몸과 치주조직에 발생한 질환 진단 치료

■ **치과보존과** : 충치나 마모증 등으로 치아 및 치주 조직에 발생하는 질환 예방 치료

■ **구강악안면방사선과** : 방사선 사진을 이용하여 구강질환에 대한 진단 정보 판독

■ **구강병리과** : 조직검사 및 다양한 병리검사를 통해 구강의 질환 정확하게 진단

■ **예방치과** : 칫솔질 및 치실 사용 등의 올바른 구강관리를 통한 치과 질환 예방

## 한의사의 업무

한의사가 하는 일 역시 일반 의사가 하는 일과 별반 차이가 없다. 다만 그 방법이 다를 뿐이다. 한의사 역시 환자가 어디가 어떻게 아픈 지를 물어보고 눈과 귀, 코, 손으로 환자의 상태를 면밀히 살펴 진찰을 한다. 청진기도 사용하는 데 다른 것은 손으로 맥박의 움직임을 조사하는 맥진이다. 손을 청진기처럼 사용하여 병을 진단하는 것이다. 그리고 일반 의사들처럼 X-ray 촬영도 하고, 혈액검사나 소변검사도 한다. 필요하다면 폐기능검사, 심전도검사 등 현대 서양의학에서 사용하는 최신 의료기기를 사용하여 질병에 대해 보다 정확한 정보를 얻는다. 한의사라 하여 전통적인 방법에만 의존하여 진료하지는 않는다.

진찰과 검사를 통하여 나온 결과를 가지고 환자의 질환을 진단하고 그에 적합한 치료처방을 한다.

그런데 한의사는 진찰과 검사에 있어서는 최신 서양 의료기기를 사용하지만 치료하는데 있어서는 아직까지 한의학만의 독특한 방법으로 치료한다. 즉, 한약 처방을 하든지, 침을 놓고 뜸이나 부항을 뜬다.

다음은 한의사가 하는 일들이다.

- 방문 이유 확인하기
- 주요 병력 확인하기

- 망진, 촉진, 맥진, 문진, 청진, 타진하기
- 활력징후(혈압, 맥박, 호흡, 체온) 측정하기
- 신경반사 진찰하기
- 경락반응 검사하기
- 맥진도기로 맥파형 검사하기
- 병리 검사하기 : 혈액, 오줌, 혈청, 미생물
- 영상 검사하기 : X-ray, 초음파, CT, MRI, 골밀도, 내시경
- 기능 검사하기 : 심전도, 폐기능
- 증후성 질환 진단하기 : 중풍, 감모, 두통, 불면, 부종, 복통, 요통, 화병, 소갈, 어혈, 황달, 변비, 불임, 구토, 산후풍, 빈혈, 심통, 관절변위, 유뇨, 견비통, 적취,…
- 감염성 질환 진단하기 : 결핵, 소아 발진, 피부감염
- 혈액, 조혈기관 및 종양 질환 진단하기 : 빈혈, 출혈성 질환, 백혈병, 위암, 폐암, 간암, 대장암, 자궁경부암, 유방암
- 내분비, 영양 및 대사 질환 진단하기 : 갑상선 중독 및 기능 저하, 비만, 당뇨병, 고지혈증, 골다공증
- 정신 및 행동 장애 진단하기 : 불안 장애, 기분 장애, 주의력 결핍, 틱 장애, 치매
- 신경계 질환 진단하기 : 간질, 마비성 증후군, 경련성 질환, 안면신경장애
- 순환기계 질환 진단하기 : 뇌혈관 질환, 관상동맥 질환, 부정맥, 고혈압, 말초혈관 질환, 허혈성 심장 질환, 쇼크

- 호흡기 질환 진단하기 : 기도 감염, 폐질환, 기관지 천식, 호흡부전, 기흉, 세기관지염
- 소화기 질환 진단하기 : 위관장 출혈, 위장 장애, 소화성 궤양, 역류성 식도 질환, 대장염, 간염, 간경화, 담석증, 췌장염, 치핵, 탈장,…
- 알레르기 및 피부 질환 진단하기 : 알레르기성 비염, 음식물 알레르기, 두드러기, 아토피성 피부염, 접촉피부염, 약물 알레르기, 색소성 피부질환,…
- 안이비인후과 질환 진단하기 : 외장, 사시, 내장, 이명, 난청, 중이염, 부비동염, 비염, 구설염 인후두염
- 근골격계 및 류마티스 질환 진단하기 : 류마티스 관절염, 관절염, 연조직 장애, 추간판탈출증
- 신장 및 요로 질환 진단하기 : 급성신부전증, 만성신부전증, 신증후군, 요로감염, 혈뇨, 단백뇨, 요로결석, 전립선염, 전립선 비대
- 임신 및 출산 진단하기 : 임신, 유산
- 신생아 및 영아 질환 진단하기 : 신생아 황달, 영아 설사, 호흡곤란 증후군
- 성장발육 진단하기
- 응급 특수상황 진단하기 : 외상, 화상, 약물 중독, 임종
- 한약 처방하기
- 침놓기

- 뜸, 부항뜨기
- 물리치료하기
- 문서, 인력, 시설, 위생관리하기
- 건강검진, 보건교육하기

## 공중보건의사의 업무

농어촌 벽지 및 섬 등과 같이 의료시설이나 의사가 부족한 지역에 의사, 치과의사, 한의사를 군 복무하는 대신에 보내는 데 이런 의사들을 '공중보건의사', 줄여서 '공의'라 한다.

공의는 3년 동안 정해진 장소에서 근무해야 하는데 의무복무를 다하고 나면 병역을 마친 것으로 인정된다.

따라서 공중보건의사는 의과, 치과, 한의과 대학을 졸업하고 의사면허를 취득한 사람으로서 병역을 마치지 않은 사람에게 해당하는 제도이다.

**1 자격**

- 의사, 치과의사, 한의사 자격을 갖춘 자로서 병역 미필자

근무지

- 보건의료원, 보건소 또는 보건지소
- 공공병원 또는 공공보건의료연구기관
- 병원선 및 이동진료반
- 사회복지시설, 교정시설 내의 의료시설, 응급의료에 관련된 기관 또는 단체 등

## 3

훈련 및 신분

- 4주 군사훈련 후 근무지에 배치되어 3년 간 의무 복무
- 근무 기간 중 '임기제공무원' 신분으로 보건복지부 소속의 공무원

보수(월급 = 봉급 + 수당 + 기타 비용)

- 봉급 : 레지던트 1년차까지는 중위 봉급, 레지던트 2년차부터는 대위 봉급 지급. 근무연수 1년마다 1호봉 승급
- 수당 : 일반 공무원이 받는 수당 모두 받음. 진료 수당 월 20,000원 추가 지급

- 진료활동 장려금 및 보건활동 장려금 또는 연구비 : 예산의 범위 내에서 월 800,000원 이상 지급

공중보건의 봉급 기준

| 학 력 | 근무 1년차 | 근무 2년차 | 근무 3년차 |
|---|---|---|---|
| 전문의 수련경력이 없는 사람 | 중위 1호봉 | 중위 2호봉 | 중위 3호봉 |
| 인턴 수련 1년 이수자 | 중위 1호봉 | 중위 2호봉 | 대위 1호봉 |
| 레지던트 수련 1년 이수자 | 중위 2호봉 | 대위 1호봉 | 대위 2호봉 |
| 레지던트 수련 2년 이수자 | 중위 1호봉 | 대위 2호봉 | 대위 3호봉 |
| 레지던트 수련 3년 이수자 | 중위 2호봉 | 대위 3호봉 | 대위 4호봉 |
| 레지던트 수련 4년 이수자 | 중위 3호봉 | 대위 4호봉 | 대위 5호봉 |

## 5 근무상황

- 국가공무원과 같음. 오전 9시 출근 오후 6시 퇴근. 주 5일 근무

## 6 휴가

- 연가 : 근무한 기간에 따른 공식 휴가

| 근무시간 | 휴가일수 |
|---|---|
| 3월이상 ~ 6월미만 | 3일 |
| 6월이상 ~ 1년미만 | 6일 |
| 1년이상 ~ 2년미만 | 9일 |
| 2년이상 ~ 3년미만 | 12일 |

- 병가 : 질병, 부상, 감염(30일 이내). 공무상 질병 또는 부상 (180일 이내)
- 공가(공식 행사나 업무 참가), 경조사 휴가(공무원과 동일. 원거리일 경우 왕복 소요일 수 2일 추가 가능), 포상 휴가(1일 또는 3일 이내), 재해 구호휴가(5일 이내)

### 7  공중보건의사가 하는 일

공중보건의사는 일반 의사가 하는 일 이외에 다음과 같은 보건 관련 업무도 해야 한다.

- 외상 등 흔히 볼 수 있는 환자의 치료 및 응급조치가 필요한 환자에 대한 응급처치
- 만성병 환자의 요양지도 및 관리
- 예방접종

- 환경위생 및 영양개선에 관한 업무
- 질병예방에 관한 업무
- 모자보건에 관한 업무
- 주민의 건강에 관한 업무를 담당하는 사람에 대한 교육 및 지도에 관한 업무
- 그 밖에 주민의 건강증진에 관한 업무

## 의사가 해서는 안 되는 일과 해야 하는 일

의사는 의료 기술을 가진 직업인이기 이전에 인간의 생명과 건강을 유지 개선해나가는 일을 하는 전문가이다. 그래서 고대로부터 동서양을 불문하고 의사들은 소중한 사람들로 대우를 받아왔으며 오늘날에도 시장의 질서에만 맡겨 놓을 수 없는 없게 하는 이유이다.

소크라테스는 "진정한 의사는 돈벌이하는 사람인가요, 아니면 환자들을 돌보는 사람인가요?"라는 질문에 대해 "환자들을 돌보는 사람이다"라고 했다. 서양만 그런 것이 아니다. 동양에서는 의술을 인술(仁術)이라고 했다. 말하자면 사람들에게 사랑을 베푸는 기술이라는 말이다.

만일 의사들에게 그런 의식이 없다면 의료 기술이나 지식이 전혀 없는 일반인들에게 의사들은 폭력배와 마찬가지로 생명이나

건강을 담보로 협박하고 거짓말을 하여 많은 재물을 착취할 수 있을 것이다. 그래도 환자들은 모르니까 항의하거나 저항할 수 없는 것이다. 의사가 아닌 사람들은 질병이 발생했을 때 질병의 원인과 치료방법에 대한 지식이 없으니 모든 치료과정에 대해 환자는 의사에게 절대적으로 의존할 수밖에 없기 때문이다.

의료기술과 지식은 매우 전문적이고 복잡해서 일반 환자들이 잘 알 수 없기 때문에 의료서비스를 자본시장에서 의료공급자와 의료수요자의 자유로운 경쟁에 맡길 수가 없는 것이다. 즉 의사와 환자 사이에 공정 거래가 위협 받을 수 있는 것이다. 그래서 정부가 의료시장에 개입하게 되는 이유이다. 환자의 무지에서 비롯되는 부당하고 비윤리적인 행위를 억제하기 위해 국가에서는 법률을 만들어 예방하고 있으며, 의사단체에서는 스스로 의사윤리 강령을 제정하여 의사의 직업윤리를 강조하고 있다.

그래서 의사들에게는 의료기술이나 지식도 중요하지만 의사라는 직업에 대한 윤리 의식이 무엇보다도 중요하다 하겠다.

이러한 측면에서 의사들이 해서는 안 될 일이 있고 반드시 해야 할 일들이 명시화 되게 되었다.

1 **해서는 안 되는 일**

- 의사는 의료 행위를 하면서 알게 된 다른 사람의 비밀을 누설하거나 발표하지 못한다.
- 의사는 태아 성 감별을 목적으로 임부를 진찰하거나 검사

하여서는 안 되며, 같은 목적을 위한 다른 사람의 행위를 도와서도 안 된다. 또한 임신 32주 이전에 태아나 임부를 진찰하거나 검사하면서 알게 된 태아의 성(性)을 임부, 임부의 가족, 그 밖의 다른 사람이 알게 하여서는 안 된다.

■ 의사는 환자가 아닌 다른 사람에게 환자에 관한 기록을 열람하게 하거나 그 사본을 내주는 등 내용을 확인할 수 있게 하여서는 안 된다. 단, 환자의 배우자, 직계 존속·비속 또는 배우자의 직계 존속이 환자 본인의 동의서와 친족관계임을 나타내는 증명서 등을 첨부하는 경우와 환자가 사망하거나 의식이 없는 등 환자의 동의를 받을 수 없을 때 환자의 배우자, 직계 존속·비속 또는 배우자의 직계 존속이 친족관계임을 나타내는 증명서 등을 첨부하는 경우에는 예외로 한다.

■ 의사는 의료 행위와 관련하여 부당한 경제적 이익(의약품 채택·처방 유도 및 의료기기 채택·사용 유도 등 판매 촉진을 목적으로 제공되는 금전, 물품, 편익, 노무, 향응, 그 밖의 경제적 이익) 등을 취해서는 안 된다.

## 2  해야 하는 일

■ 진료에 관한 기록부를 갖추어 두고 환자의 주된 증상, 진단 및 치료 내용 등 의료행위에 관한 사항과 의견을 상세히 기

록하고 서명하고 이를 보존하여야 한다. 이러한 진료기록부
등은 거짓으로 작성하거나 고의로 사실과 다르게 추가 기
재·수정하여서는 안 된다.

■ 진료기록부 등을 「전자서명법」에 따른 전자서명이 기재된
전자문서로 작성·보관할 수 있다. 이 경우 의사는 보건복
지부령으로 정하는 바에 따라 전자의무기록을 안전하게 관
리·보존하는 데에 필요한 시설과 장비를 갖추어야 한다.

■ 의사는 환자나 환자의 보호자에게 요양방법이나 그 밖에
건강관리에 필요한 사항을 지도하여야 한다.

■ 의사는 최초로 면허를 받은 후부터 3년마다 그 실태와 취
업 상황 등을 보건복지부장관에게 신고하여야 한다.

■ 의사는 법률이 정한 보수교육을 받아야 한다.

---

### 💡 의사 보수교육

1. 중앙회는 보수교육을 매년 실시하여야 한다.
2. 의사는 보수교육을 연간 8시간 이상 이수하여야 한다.

# 의료 전문분야의 특성

옛날에 의사들은 한 사람이 모든 분야의 질병을 진찰하고 치료하였지만 의료기술의 발달로 인하여 많은 전문 분야로 세분화되어 각 분야에 따라 전문화 된 검사와 진찰, 예방, 치료, 처방, 수술 등의 업무를 행한다.

현재 이런 의료 전문분야는 내과, 신경과, 정신과, 일반외과, 정형외과, 신경외과, 흉부외과, 성형외과, 마취과, 산부인과, 소아과, 안과, 이비인후과, 피부과, 비뇨기과, 진단방사선과, 치료방사선과, 해부병리과, 임상병리과, 결핵과, 재활의학과, 예방의학과, 가정의학과, 응급의학과, 핵의학과 및 산업의학과 등 26개로 나누어져 있다.

이러한 구분은 주로 치료의 대상이나 영역, 또는 방법을 중심으로 이루어져 있는데 실제에 있어서는 모호한 부분이 없지 않다.

## 1 내과

내과는 의료 영역에서 가장 중심이 되고 진료 범위가 넓으며 옛날부터 이어져왔던 분야이다. 흔히 수술로 대변되는 외과분야와 비교되어 수술 없이 약물 등을 통해 질병을 진단, 치료하는 것으로 여겨져 왔지만 요즈음에는 내과에서도 수술적인 치료를 하기도 하니 그 구분이 약간 모호하게 되었다고 하겠다.

내과는 몸의 모든 부분에서 발생하는 질환을 진료하기 때문에 그 영역이 없다고 해도 과언이 아니다. 그러다보니 다른 전문분야와 중복되는 것은 피할 수가 없다. 그래서 간혹 사람들은 내과전문의와 일반의를 혼동하기도 한다. 그러나 내과전문의는 분명 전문의이다.

내과분야가 이처럼 그 진료 범위가 광범위하다 보니 대한내과학회에서는 편의상 내과를 다시 9개 분과로 나누고 있다.

소화기내과, 순환기내과, 호흡기내과, 내분비대사내과, 신장내과, 혈액종양내과, 감염내과, 알레르기내과, 류마티스내과

## 2  신경과

　신경과는 사람 몸의 신경계와 관련된 모든 질병을 진료하는 과이다. 사람의 몸은 어떻게 보면 중추신경계와 말초신경계로 만들어져 있다 해도 지나친 말이 아니다. 그러다보니 신경과 역시 내과만큼이나 그 진료 범위가 넓다. 그러다보니 신경과 역시 여러 분야로 다시 나누어지는데 대체로 다음과 같다.

- 뇌졸중 분야 : 뇌혈관의 이상에 의하여 발생하는 반신마비와 같이 뇌의 부분적 기능이상 증상이나 의식 변화를 진료
- 간질 분야 : 경련 발작 진료
- 말초신경 및 근육질환 분야 : 말초신경이나 근육에 발생하는 질환을 진료
- 운동질환 분야 : 파킨슨씨병과 같은 운동 이상 증상을 진료
- 치매 분야 : 대뇌의 전반적인 기능 감퇴로 발생되는 지적 저하 상태를 진료
- 신경계 감염 분야 : 뇌염이나 수막염 같이 신경계에 발생하는 감염성 질환을 진료
- 통증 분야 : 두통 및 여러 가지 신경통을 진료
- 신경계 종양학 분야 : 신경계의 종양(혹)을 다루는 분야

## 신경과, 신경외과, 신경정신과의 구분

■ 신경외과와 신경과는 소위 내과와 외과의 차이라고 보면 된다. 즉 신경과에서는 신경계에서 일어나는 질환을 진단하고 약물적 치료나 대중적인 요법을 이용하여 치료하는데 비해, 신경외과에는 수술적인 치료 방법으로 치료를 한다. 그래서 서로 많은 부분이 중복이 되나, 주로 수술적인 방법으로 치료가 진행되는 질환인 뇌종양 등의 경우에는 신경외과에서 좀 더 많이 다루게 되고, 약물 치료를 주로 많이 치료법으로 이용하게 되는 뇌경색 등의 경우는 신경과에서 주로 다룬다.

■ 신경정신과와 신경과의 차이점을 구분해 보자면, 신경과의 경우 신경계의 기질적인 변화와 이로 인해 발생하는 해부생리학적 이상 및 관련 질병을 다루게 되는 반면, 신경정신과에서는 눈에 드러나지 않는 신경계의 기능적인 변화로 인해 발생하는 질병을 주로 치료한다. 즉, 신경정신과는 인간의 심리, 정서, 사고와 관련된 질환인 우울증, 정신분열 등을 치료하고, 신경과는 국소적 신경계의 이상 증후 및 그와 관련된 기질적인 질환인 뇌졸중, 파킨슨병 등을 다룬다.

---

### 3   정신과

　　정신질환과 정신질환에서 비롯된 이상행동을 연구하고 치료하는 분야로 단일한 병으로 인식된 가장 오래된 병이다. 정신의학이라는 과학적인 용어가 생겨나기 이전부터, 역사적으로 인류사회에서는 정신질환에 대하여 다양한 연구를 하였다. 그 결과 최근 정신질환의 신경생물학적 원인이 밝혀지기 시작하고, 정신과적 약물 치료가 주요 치료 방법으로 자리 잡게 되면서 정신건강의학과라는 명칭으로도 불리게 되었다.

현대의 정신건강의학과에서는 정신분열병, 조울병 및 우울증, 강박증, 공황 장애, 외상 후 스트레스 장애, 성격 장애, 치매, 수면 장애, 알코올 및 약물 중독, 스트레스 장애, 정신신체 장애 등 다양한 정신질환들을 전문적으로 진단하고 치료한다. 치료 방법으로는 정신건강의학과적 약물 치료, 개인 정신 치료, 집단 치료, 환경 요법, 행동 요법, 각종 미술, 오락, 작업, 운동 요법 등이 다각적으로 시행된다.

소아정신건강의학과에서는 주의력결핍 과잉행동장애, 전반적 발달장애(자폐증), 틱(tic)장애, 언어장애, 지적장애, 품행장애, 행위중독(게임 중독) 등의 질환들을 진단하고 치료하며 아동청소년기의 정신분열병, 조울병 및 우울증, 불안장애 등도 치료의 대상이다.

### 4 외과

일반적으로 내과에 대비하여 수술을 통하여 질환을 치료하고 교정하는 의료분야를 가르키는 용어로 광범위한 의료영역을 가지고 있다. 또한 과학의 발달과 더불어 의학지식이 급격히 늘어남과

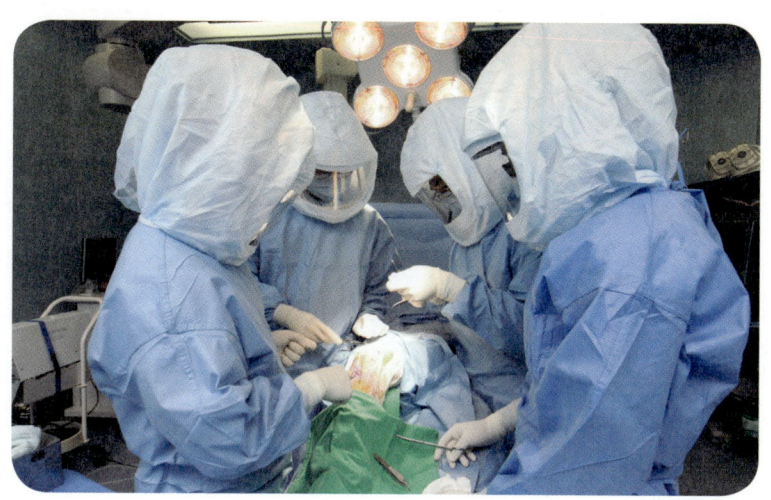

동시에 첨단의료기기가 발명되면서 외과학이 빠른 속도로 발전하게 되었다.

따라서 외과학 역시 내과학과 마찬가지로 세부전문분야로 나누어지는데 대한외과학회에서는 다음과 같이 4가지의 외과 세부전문의 자격을 운용하고 있다.

- 간담췌외과
- 대장항문외과
- 소아외과
- 위장관외과

**5  정형외과**

인체의 근육이나 골격 그리고 그 부속기관의 기능장애와 기형을 해부학적으로 연구하고 내과적, 외과수술적 그리고 물리치료 방법으로 환자의 질환을 치료 회복시키는 의학의 한 분야로서 소아, 척추, 수부(手部), 족관절, 어깨와 팔꿈치 관절, 무릎, 고관절, 근골격 종양 등을 주요 진료 대상으로 한다.

**6  신경외과**

신경외과는 뇌, 척수, 뇌신경과 척수신경, 말초신경 등 신경계에 생기는 다양한 질환들에 대하여 수술적 치료를 하는 분야이다. 많은 경우에 현미경을 이용한 미세수술을 하며, 최근에는 내시경을 이용한 수술, 방사선 수술, 혈관 내 수술, 통증 치료와 같은 새로운 기술을 이용한 분야들로 확장되고 있다.

신경외과는 다시 여러 세부전문분야로 나누어진다.

- 뇌종양외과 분야 : 모든 뇌종양에 대한 진단과 치료를 하는 분야로 미세 수술을 하거나 감마나이프와 같은 방사선 수술을 주로 하고 있지만 최근에는 약물로써 항암 치료를 전문으로 하는 신경외과 의사가 증가하고 있다.

- 방사선 수술 분야 : MRI와 같은 영상 장비의 도움을 받아 방사선을 뇌의 한 부위에 집중시켜 치료하는 것으로서 전통적인 방사선 치료에 비하여 주변 뇌조직의 손상을 최소화할 수 있는 장점이 있다. 양성 종양과 전이성 뇌종양의 치료에 주로 이용되는 방사선 수술은 신경외과에서 시작한 것으로 현재도 신경외과 의사들이 주도하고 있으며, 감마나이프, 사이버 나이프와 같은 장비를 이용한다.
- 뇌혈관외과 분야 : 뇌혈관이 막히는 뇌경색과 뇌혈관이 터지는 뇌출혈에 대한 진단과 치료를 담당한다.
- 소아신경외과 분야 : 신생아, 소아 및 청소년에 발생하는 다양한 신경계 질환을 진단하고 치료한다.
- 척추신경외과 분야 : 척추 부위와 관련된 통증 및 추간판탈출증에서 척수의 종양까지 거의 모든 척추 질환을 다룬다. 미세 수술과 내시경 수술 등 수술적 치료를 주로 하지만 약물 치료, 재활 치료, 통증 치료를 병행하거나 협진을 하고 있는 경우가 많다.
- 간질 분야 : 약으로 조절되지 않는 난치성 간질의 경우, 수술로 치료한다.
- 말초신경 질환 분야 : 수근관 증후군과 같이 흔한 질환은 물론, 비교적 드문 개별 말초신경의 통증이나 외상에 의한 말초신경 손상 등을 수술, 약물 치료, 재활 치료 등을 통하여 진료한다.

- 이상운동 질환 분야 : 파킨슨병이나 심한 수전증이 있는 경우, 뇌 심부에 전기적 자극을 주거나 신경을 파괴시켜 치료한다.
- 신경계외상 분야 : 교통사고, 낙상 등 다양한 사고로 머리와 척추 부위에 손상을 입거나 두통, 어지러움, 신경마비, 통증 등을 진료한다.
- 통증 질환 분야 : 만성 통증의 완화와 조절을 담당하며 특히 외상 후 통증, 수술 후 통증, 척추 관련 통증 환자를 약물 치료, 시술, 재활 치료 등 종합적으로 진료한다.
- 두통과 어지러움 : 두통과 어지러움은 누구나 경험하는 매우 흔한 증상이나 또한 많은 신경계 질환의 초기 증상으로 신경외과에서 치료한다.

### 7  흉부외과

흉부외과는 인체 중 흉부, 즉 가슴에 위치하는 심장, 폐, 기관, 식도, 대동맥 등 생명 유지에 기본이 되는 중요 장기의 질환과 흉벽, 종격동, 횡격막, 늑막 등에서 발생된 질환을 진단하고, 주로 수술적 방법으로 치료하는 전문 진료 분과이다.

흉부외과 역시 질환이 발생하는 장기에 따라 다음과 같은 세부전문분야로 나뉜다.

- 성인심장외과 : 후천성 판막 질환, 관상동맥 질환, 대동맥 질환, 및 혈관질환 등을 치료
- 일반흉부외과 : 폐암, 식도암, 및 다한증 등 심혈관 이외의 모든 흉부 질환을 치료
- 소아심장외과 : 선천성 심장 질환을 치료

## 8  성형외과

선천적 또는 후천적 사고로 인한 변형이나 기형을 수술을 통하여 형태로나 기능적으로 정상에 가깝도록 교정하는 외과 분야이다. 최근에는 레이저를 이용한 성형수술이 전성시대를 맞이하고 있다.

## 9  마취통증의학과

수술을 할 때 전신 마취, 부위 마취, 진정 시행 또는 수술 외 처치에 필요한 진정이나 마취를 하는 의료분야로 마취와 통증 관리 부분으로 나뉜다.

**10 산부인과**

임신, 출산과 여성 특유의 질환을 대상으로 진료하는 의료 분야이다.

**11 소아청소년과**

신생아부터 청소년까지의 환자를 대상으로 진료하는 의료 분야인데 대상 연령에 대한 명확한 기준은 아직 없다. 2007년 3월에 소아과 명칭이 소아청소년과로 변경되었다.

**12 안과**

눈에 관계된 모든 질환을 연구하고 치료하는 의료 분야이다. 안과 역시 질환의 부분에 따라 다음과 같은 세부전문분야로 나뉜다.

- 전안부 분야 : 결막, 각막 및 수정체 등 눈의 앞부분에 발생하는 질병들을 치료
- 망막/포도막 분야 : 망막, 포도막, 유리체 등 눈의 뒷부분에 발생하는 질병들을 치료

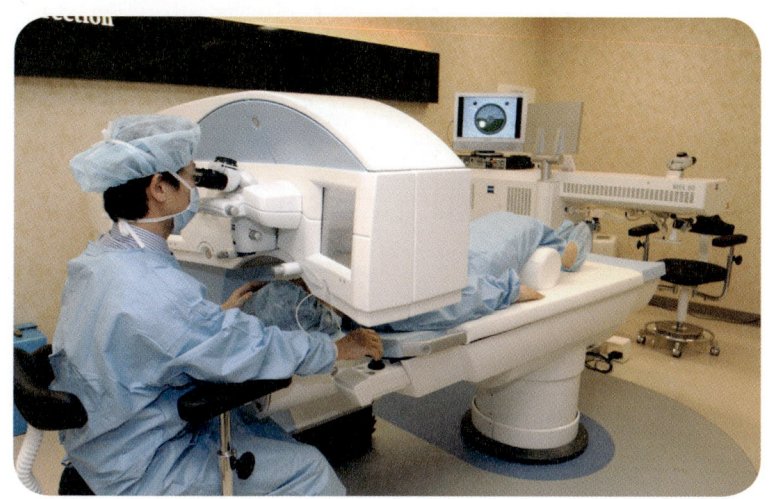

- 안성형 분야 : 눈꺼풀과 눈물기관 및 안와의 질병들을 연구하고 치료
- 녹내장 분야 : 안압과 관련하여 발생하는 신경 손상을 연구하고 치료
- 사시/신경안과 분과 : 눈의 위치와 움직임의 장애나 시신경과 시각 경로의 이상을 연구하고 치료

## 13 이비인후과

이비인후과는 귀, 코, 목(인두, 후두)에 관련된 질환을 내과적 및

외과적 방법으로 치료를 하는 의료 분야이다.

오늘날 이비인후과도 귀(이과), 코(비과), 목(두경부외과) 등 3개의
세부전문 분야로 나뉘어져 있는데 최근에는 이과학, 신경이과학,
비과학, 안면성형의학, 수면의학, 두경부외과학, 후두과학, 기관식
도과학, 음성언어의학 등으로 점차 더 세분화되고 있다.

■ 귀(이과) 분과 : 청각장애 및 평형 장애, 안면신경 마비에 대
   한 내과적 방법과 수술 방법으로 질환을 치료하고 선천적
   으로 귀의 모양이 기형인 환자들의 귀를 기능적으로 동시
   에 미용적으로 재건해주는 성형술도 시술한다.

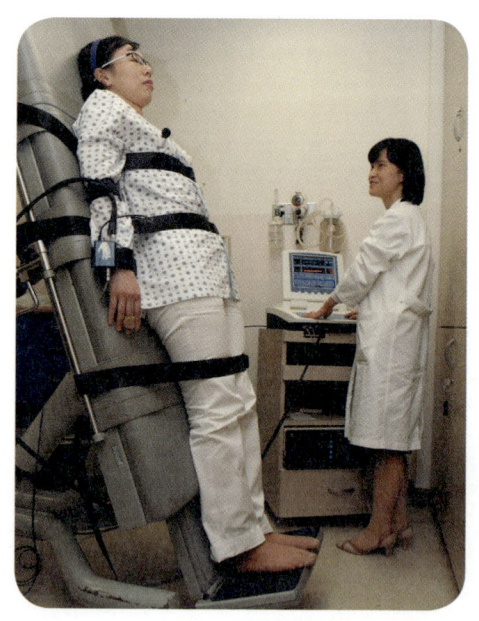

- 코(비과) 분과 : 비염, 부비동염, 알레르기성 비염, 코골이 및 수면 무호흡증 등에 대해 약물 치료 또는 내시경수술 등의 방법으로 치료하며 안면 미용 및 재건에 대한 종합적인 치료와 코 성형 수술을 시행하기도 한다.
- 목(두경부외과) 분과 : 구강, 인두, 후두, 침샘, 갑상선, 기타 목에서 발생하는 다양한 종류의 질환과 양성 혹은 악성 종양 환자들을 레이저수술 등의 방법으로 치료한다.

## 14  피부과

피부 및 피부 부속기에 증상이 나타나는 질환을 경구약, 도포제, 냉동 치료, 광선 치료, 면역 치료, 최근에는 레이저 치료술 등을 이용하여 진료하고 치료하는 의료 분야이다.

피부과 또한 다음과 같은 세부전문분야로 나뉘어져 있다.

- 접촉 피부염 및 피부 알레르기 분야
- 피부 병리 및 피부 종양 분야
- 감염성 피부 질환 분야
- 광의학 분야 : 광선이 인간의 피부에 미치는 여러 가지의 광생물학적 현상을 연구함과 함께 이러한 현상에 기초하여 광선이 일으키는 피부과적 질병의 원인을 규명하고 이를

진단, 예방 및 치료

- 기미 및 색소성 질환 분야
- 모발 분야 : 원형탈모증, 남성형 탈모, 여성형 탈모, 휴지기 탈모, 반흔성 탈모 등 다양한 원인의 탈모에 대한 진단 및 치료
- 아토피 피부염 분야
- 건선 및 구진 인설성 피부 질환 분야
- 여드름 분야
- 피부외과 분야 : 피부에 발생하는 양성/악성 종양을 외과적인 수술로 제거하거나 피부이식술, 창상 복원술 뿐만 아니라 지방 흡입술, 지방 이식, 보톡스와 필러 주사, 실을 이용한 주름 제거술, 액취증 수술, 흉터 성형술 등 미용적인 목적의 수술도 한다.
- 레이저 분야 : 각종 레이저 장비를 이용하여 혈관성 질환, 색소성 질환, 여드름 및 각종 흉터, 주름과 모공 같은 피부 노화, 문신 및 각종의 피부 종양을 치료
- 백반증 분야
- 피부 혈관 질환 분야
- 결체조직 질환 및 수포성 피부 질환 분야
- 피부 노화 분야

잔주름, 피부건조증, 탄력 감소 등이 특징인 피부노화는 세월

이 흘러감에 따라 피부가 자연적으로 노화되는 현상으로 내인성 피부노화, 햇빛에 포함된 자외선에 의한 노화 현상인 광노화, 그리고 열에 의한 피부 노화 등으로 나눌 수 있다. 피부 노화의 기전, 촉진 및 억제 요인을 연구하고 피부 노화 억제 효능을 가진 각종 화학 물질을 개발하고 연구하며 레티노이드 도포, 보톡스와 필러 주사 그리고 고주파 치료기 등을 통해 치료하는 분야이다.

## 15 비뇨기과

비뇨기과는 소변을 만들고 운반하고 배설하는 기능을 담당하는 요로계(신장, 요관, 방광, 요도), 남성 생식기관(고환, 부고환, 사정관, 음낭, 음경) 및 부속성선(전립선, 정낭, 구요도선)과 부신에 생기는 질환을 다루는 분야이다.

- 남성 불임 치료
- 남성 성기능 장애 치료
- 여성 하부 요로질환 진단 치료
- 신경인성 방광 진료
- 소아 비뇨기계 질환
- 전립선 비대증 치료
- 부신질환 진료

- 비뇨기 종양 진료 : 신장암, 방광암, 요관암, 전립선암, 고환암
- 비뇨기 손상 치료
- 요로 결석
- 요로계 감염
- 외성기 피부질환

## 16 영상의학과

영상의학과는 예전에 일반인들에게 엑스레이(X-ray)과로 불리었던 과로 X선 촬영뿐만 아니라 전자기장, 초음파 등을 이용하여 신체 부위의 영상을 획득하여 질병을 진단하고 치료하는 데 이용하는 의학의 한 분야이다.

## 17 영상의학과

방사선종양학은 이온화 방사선으로 암 환자를 치료하고, 방사선 치료의 생물학적 및 물리적 원리를 연구하는 의학의 전문 진료 분야이다.

임상의사의 진료에 있어 필수적인 조직 검사 및 세포 검사하여 질병에 대한 진단을 내린다. 즉 환자로부터 채취된 조직 또는 세포 검체를 현미경으로 관찰하여 진단한다. 아울러 환자의 진단이 암인 경우 병기를 결정하여, 임상의사가 치료 방침을 결정하거나 환자의 예후를 예측할 수 있도록 한다.

## 19 진단검사의학과

진단검사의학과에서는 혈액, 골수, 혈장, 혈청, 소변, 대변, 흉수, 심낭액, 복수, 관절액, 뇌척수액, 양수, 정액 및 조직 등 각종 인체에서 유래하는 각종 검체에 대하여 적절한 검사를 시행함으로써 질병의 선별 및 조기 발견, 진단 및 경과 관찰, 치료 효과 및 예후 판정 등의 의료 서비스를 제공하는 전문 의학분야이다.

## 20 재활의학과

현대에 와서 시작한 의학의 한 분야로서 다른 의학 분야에 비해 역사가 비교적 짧지만 인간 생명 존중과 삶의 질을 중시하는 현대 의학의 특성을 가지고 있다.

오늘날 의학이 발달하면서 고치기 어려운 질환들의 생존율이 커지고 심한 외상으로부터 생명을 구할 수 있는 기회가 많아졌다. 그 결과 장애를 갖고 살아가게 되는 사람들의 수도 증가하는 추세인데 재활의학과는 이런 다양한 정도의 장애를 가진 사람들이 장애를 극복하도록 도와주고 치료하는 의료 전문 분야이다.

### 21 예방의학과

의학을 기초의학 · 임상의학 · 예방의학으로 나눌 때 바로 병의 예방에 중점을 둔 전문 의료 분야이다.

- 1차적 예방 : 발병 이전에 환경을 개선하고 병에 대한 저항력을 높이는 등의 노력으로써 건강을 유지 · 증진시키는 것. 영양 개선, 사고 예방, 예방 접종 등
- 2차적 예방 : 발병하였으면 가능한 한 조기에 알아내어 이를 치료하며, 병이 더 중증으로 되는 것을 예방하는 것. 정기적 검사
- 3차적 예방 : 발병하였을 때 그 후유증의 발생을 예방하여 신체기능에 장애가 오지 않도록 하는 것.

## 22 가정의학과

나이, 성별, 질병의 종류에 구애됨이 없이 가족을 대상으로 지속적이고 포괄적인 의료를 제공하는 전문 의료 분야이다.

가정의학과는 지역사회에서 흔히 발생하는 주요한 질병 및 건강 문제를 모두 다루며 의사가 환자 진료시 질병의 치료뿐 만 아니라 예방, 재활, 건강증진의 차원에서도 접근하며 온 가족을 돌보는 주치의로서 질병이 가족에 미치는 영향과 역으로 가족의 관계가 질병에 미치는 영향을 고려하여 의료를 행한다.


## 23 응급의학과

응급의학은 일차적인 의료 행위로, 응급환자에게 보다 포괄적이고 효과적인 치료를 제공하는 전문 의료 분야이다.

응급환자의 치료 효과를 높이기 위한 가장 중요한 관건은 신속한 의료 접근성 제공과 적절한 응급 처치인데 조직적이고 체계적인 응급 의료 체계의 중심에 자리 잡고 있다.

응급의학은 1950년대 한국 전쟁과 1960년대의 베트남 전쟁을 거치면서 발전하기 시작하였고, 현대의학의 한 특수 분야로 자리 잡아 가고 있다.

- 응급 의료 체계
- 대량 재해 의학
- 소생 의학
- 응급 심장학 및 전문 심장 처치
- 외상학 및 전문 외상 처치
- 소아 응급 및 전문 소아 처치
- 중독 및 독성학
- 환경 응급질환 처치
- 중환자 관리
- 스포츠 의학
- 응급 방사선학

## 24  핵의학과

방사성 동위원소를 이용한 진단과 치료를 하는 의학 분야로서 기능적 인체 영상과 생체분자 영상, 방사 면역 진단법 및 방사성 동위원소 치료까지 의학적 임상 이용뿐 아니라 학문적으로 최첨단 연구를 수행하여 의학계에 기여하고 있다. 최근에는 방사성 동위원소를 이용한 유전자 전달체, 핵산, 신경수용체영상 등 체내 분자영상을 이용한 연구 및 단백, 항체 치료제 영상, 세포 치료 영상 등 신약 및 신치료 기술 개발에 활용되고 있다.

# 4

# 개업의가
# 되는 과정

## 경영적 측면

병원을 설립하는 것은 인도주의적 관점에서도 볼 수 있지만 보다 현실적으로 볼 때 영업성을 배제할 수 없는 회사와 같은 부분도 있다. 따라서 병원을 세울 때에는 보다 냉정한 조사와 생각이 필요하다.

그래서 병원의 위치 선정, 선정된 위치를 중심으로 한 진료권 분석, 의료 장비, 소요 인력 등 여러 가지 사항에 대하여 조사하여 병원 설립의 타당성을 분석해야 한다.

우선 의사의 개인적인 생각이나 의지로 바꿀 수 없는 말하자면 통제 가능성이 적은 사항부터 조사하여 결정해야 한다. 즉 병원

의 위치 선정과 병원의 규모를 결정하는 것인데 규모를 먼저 결정
하고 결정된 규모의 병원이 공급하고자 하는 의료 서비스를 필요
로 하는 지역을 탐색하든지, 반대로 먼저 어느 정도의 의료서비스
수요가 있으리라고 판단되는 지역을 선정하고, 그 다음 예상되는
의료 수요를 만족시킬 수 있는 규모를 결정하는 것이다.

그런데 통제가능성이 상대적으로 적은 위치를 찾고 난 뒤에
규모를 결정하는 것이 실패의 확률이 적은 방법이기도 한다.

구체적은 진행과정은 다음과 같은 검토를 거친다.


■ **목표를 설정한다.**

병원의 수익 목표는 무엇인지, 사회적 기여와 관련된 목표
와 고려사항은 없는지, 무엇을 분석할 것인지, 특별히 관심
을 가지고 검토할 사항이 무엇인지 체크한다.

■ **제공할 의료서비스를 결정한다.**

진료과목은 무엇인가, 개설할 진료과목과 관련된 의료서
비스 내용 중 특기할 만한 내용은 무엇인가, 특별한 장비나
인력을 필요로 하는 진료 내역은 없는가, 진료 시간의 대략
적 추산.

■ **예비 조사를 실시한다.**

관련법규나 제약에 따른 조건은 무엇인가, 시간과 돈, 기
술 인력은 얼마나 확충되어 있는가를 꼼꼼히 검토하도록
한다.

- **입지를 선정하고, 소요 자본을 추정해본다.**

  병원이 설립될 잠정적인 위치를 선정하고, 그곳을 중심으로 형성될 진료권을 설정하고 진료권의 특징과 의료수요를 파악한다.

- **병원계획과 소요 자본을 추정해본다.**

  병원 설립에 필요한 의료 기기, 인력, 건물 등을 파악하고, 그에 따라 소요되는 자본을 추정한다.

- **재무를 분석해본다.**

  의료 수요 예측치와 소요자본을 기초로 하여 설립될 병원의 미래의 재무 상태와 수익성을 추정한다.

- **공익성을 분석한다.**

  공익성 분석은 설립될 병원이 사회에 끼치는 기여도를 분석하는 활동이다. 특수한 경우를 제외하고는 병원의 공익성에 관한 구체적인 분석은 실시하지 않는 편이다.

- **병원을 설립할 계획을 추진한다.**

  위와 같은 모든 타당성 분석 결과가 긍정적으로 판단되면 병원설립 계획을 구체적으로 수립하고 추진한다.

## 행정적 측면

병원을 개설할 때 행정적인 절차를 요약하자면 다음과 같다.

병원 설립 장소 선정 ➡ 대지 또는 건축물 용도 확인 ➡ 시 · 군 · 구청의 의료기관 개설 담당부서에 구비서류를 첨부하여 신고 ➡ 담당부서의 검토와 결재를 거쳐 신고증명서를 발급 받음 ➡ 세무서에서 사업자 등록 ➡ 건강보험심사평가원에 신고

**1 장소 선정 및 규모 결정**

경영적 측면에서 장소와 규모를 결정.

**2 대지나 건축물 용도 확인**

- 병원을 지을 경우에는 대지의 용도가 병원 건물을 건축할 수 있는 땅인지 시청, 군청 또는 구청 해당 부서에서 확인해야 함.
- 지어진 건축물에 병원을 개설할 경우에는 그 건물의 용도가 병원 개설에 적합한 지 시청, 군청 또는 구청 해당 부서에서 확인해야 함.

**3 담당 기관에 신고**

의원을 개설할 경우에는 해당 시청, 군청 또는 구청의 보건소

에 신고서와 첨부서류를 갖추어 신고.

**4** **해당 기관의 검토**

담당부서에서 신고인이 의사 자격이 있는지, 의료기관이 종별에 따른 시설과 장비 및 의료인 정원을 갖추고 있는 지를 현지 확인 등의 절차를 통해 확인하고 미비사항이 있으면 보완 또는 반려 조치를 하지만 규정에 적합하다고 판단될 경우에 의료기관 개설 신고증을 교부.

**5** **사업자 등록**

관할 세무서에서 임대차계약서, 병원신고필증 등을 첨부하여 사업자 등록을 함.

**6** **건강보험심사평가원 신고**

의원의 경우에는 건강보험심사평가원 지원에 '요양기관 현황 신고서'와 '의료장비 현황 신고서'를 제출하고 요양기관 기호 부여를 신청함.

# 5

## 직업으로서 의사의 좋은 점과 힘든 점

### 좋은 점

의사의 가장 큰 장점은 사회적으로 명망 있는 직업으로서 국민과 환자들에게 존중받는 위치에 있다는 점이다. 즉, 직업으로서 보람을 느낄 수 있는 몇 안 되는 직군이라는 뜻이다. 대부분의 직업인들이 일을 진행하며 자신의 능력에 비해 돌아오는 성과나 보상이 적어 때때로 자괴감을 느끼는 편이지만, 의사의 경우 상대적으로 안정적인 수입과 더불어 사회적인 명성이 보장된다는 점에서 직업적 자부심을 크게 느낄 수 있다.

또한 생명을 담보로 하는 직업인으로서 윤리적으로 청렴함을 잊지 않고 살아갈 수 있다는 점 역시 큰 장점이다. 물론 비리를 꾸

미는 의사들의 이야기도 심심치 않게 들리지만, 아직까지 의사라는 직업은 먼 옛날의 그것과 다름없이 환자들의 존경과 의사 개인의 양심이 어우러져 생명을 구하는 존귀한 직업임에 틀림없다.

- 전문직으로서 의사는 직업적 자율성을 가장 많이 누리는 직업이며 특히 개업의의 경우가 그러하다. 즉 의사는 자신의 업무 영역에 있어서 자신의 의료지식과 경험에 의거하여 거의 독자적인 결정권을 행사할 수 있으며 그에 따른 자유로운 행동을 취할 수 있다는 것이 다른 어떤 직업보다 좋은 점이다.
- 의사는 직업의 전문성이나 사회적 명분 등으로 보상과 상관없이 직업에 대한 자부심이 높다.
- 사회적 지위가 다른 직업에 비하여 높은 직업이다.
- 경제적 수입이 높으며 안정적이다.
- 개업의일 경우 남의 간섭이나 지시를 받지 않고 건강이 허용 될 때까지 안정적으로 일할 수 있다. 50% 이상의 의사들이 65세 이상, 20% 이상이 70세 이상이 되어서도 의료 활동을 계속하고 있다.

# 힘든 점

의사라는 직업은 그 명성에 비해 겪어야 하는 심리적 부담 또한 가볍지 않다.

무엇보다도 의사가 되기 위해서는 10년이 넘는 기간 동안 줄곧 공부를 해야한다는 것이다. 다른 분야에서는 박사학위를 받을 정도의 기간과 노력을 들여야지만 사회에서 의사 활동을 제대로 할 수 있는 자리에 서게 된다. 그렇게 볼 때 의사의 수입이 결코 많다고만 할 수는 없을 것이다.

의사가 비교적 많은 수입을 거두어 올린다고 해도 진료 활동만큼 노동집약적인 일도 없을 것이다. 또한, 기나긴 대학과정을 거쳐 자격을 취득한 뒤로도 눈코 뜰 새 없이 바쁜 일상을 보내며 여가와 휴일을 즐길 수 없을 지경까지 몰아세워지는 면도 의사라는 직업이 갖는 힘든 부분이다. 특히 오늘날과 같이 개인의 여유로운 삶을 중요시 하는 사회적 분위기에서 볼 때 의사가 좋기만 한 직업이 아닐 수도 있다.

대학병원의 인턴들이 밥 먹는 시간조차 쪼갤 수 없이 공부에 매진해서 의사가 되고 보면 결국 좁은 진료실 안에서 매일 아픈 이들을 돌보며 하루도 노동을 쉴 수 없는 상황에 놓이게 되는 것이다.

또한 생명을 다루는 직업이기에 스트레스를 견디는 것이 무척 힘들다. 현대의학기술이 아무리 발달하였다고 해도 여전히 고칠 수 없는 병으로 생명을 잃어야 하는 환자들이 쏟아져 나오는 상황 속에서 온전한 정신과 마음으로 다시금 환자들을 대해야 하는 의사들의 노고는 결코 쉽지 않은 일이라 할 수 있다.

- 정해진 휴식시간 없이 연속적인 과도한 업무량으로 인한 스트레스가 많다.
- 환자의 질환에 대한 임상적 판단과 책임 문제로 심리적 부담이 많다.
- 다루기 힘든 환자일 경우 스트레스를 많이 받는다.
- 환자 중심의 의료서비스체제로 전환하면서 환자들의 부당한 요구가 늘어나 스트레스를 받는다.
- 적성에 맞지 않는 경우 다른 직종에 비하여 스트레스 정도가 훨씬 심하다.

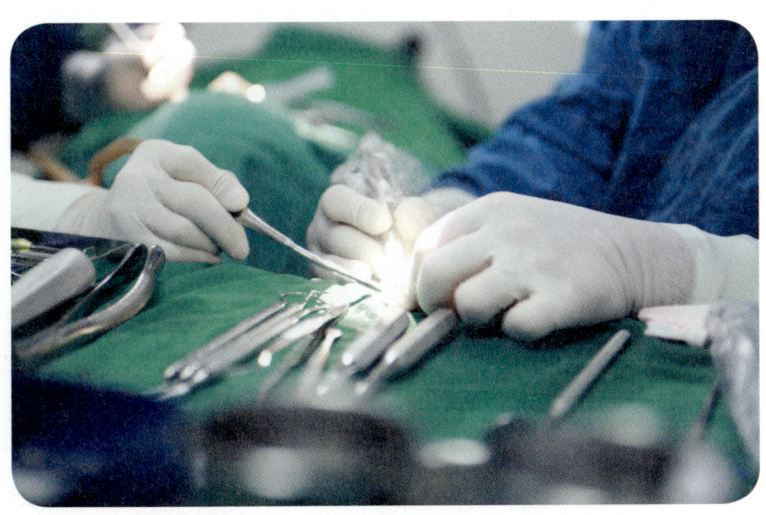

# 6

## 의사들의
## 수입은?

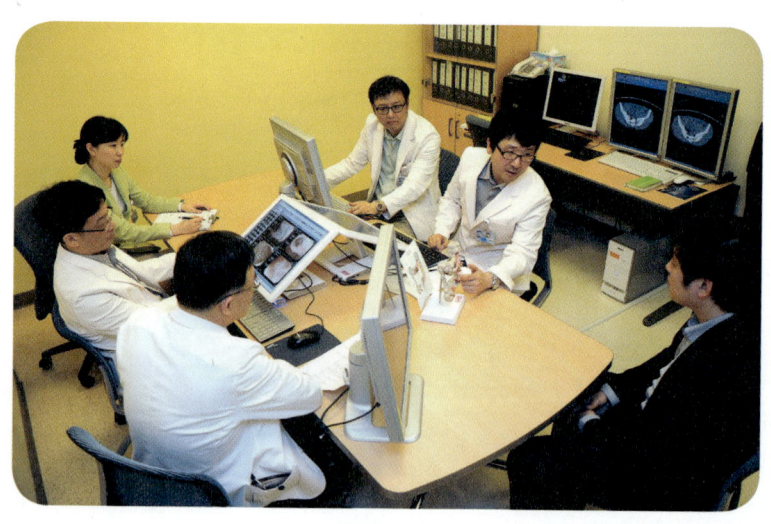

의사들의 수입은 비교적 높은 수준에 속한다.

그러나 생각보다 수입이 많지 않은 의사도 있고 간혹 경제적인 문제로 병원을 더 이상 운영하지 못하는 의사도 있다. 병원을 운영하는 의사의 경우에는 일종의 자영업자이기에 수입은 각자가 서로 다르며 그 차이는 상당히 큰 것으로 추정된다.

그러나 대체로 다음과 같은 경향이 있다.

첫째, 의사들의 전문분야에 따라 월 평균 소득의 차이가 있다. 가정의학과를 기준으로 보면 정형외과와 안과가 상대적으로 소득이 높고 응급의학과는 낮은 경향이 있다.

둘째, 서울 지역에 근무하는 의사들의 소득이 군 지역에 근무하는 의사보다 적다.

셋째, 3차 병원에 근무하는 의사의 전문 과목별 월평균 소득은 정신과가 가장 많고 응급의학과가 가장 적었다. 3차 의료기관인 경우에 서울시에 근무하는 의사가 광역시에 근무하는 의사보다 월평균소득이 많다.

의사들의 평균 연봉은 공개된적이 거의 없다. 의사들의 수입은 우리나라 직업인 중 최상위그룹에 속하며 2014년 기준으로 종합병원 의사의 평균 연봉은 1억6500만원으로 법조인이나 대학교수보다 많은 것으로 나타나고 있다. 그러나 노동시간 역시 상당히 높은 것으로 조사되고 있다.

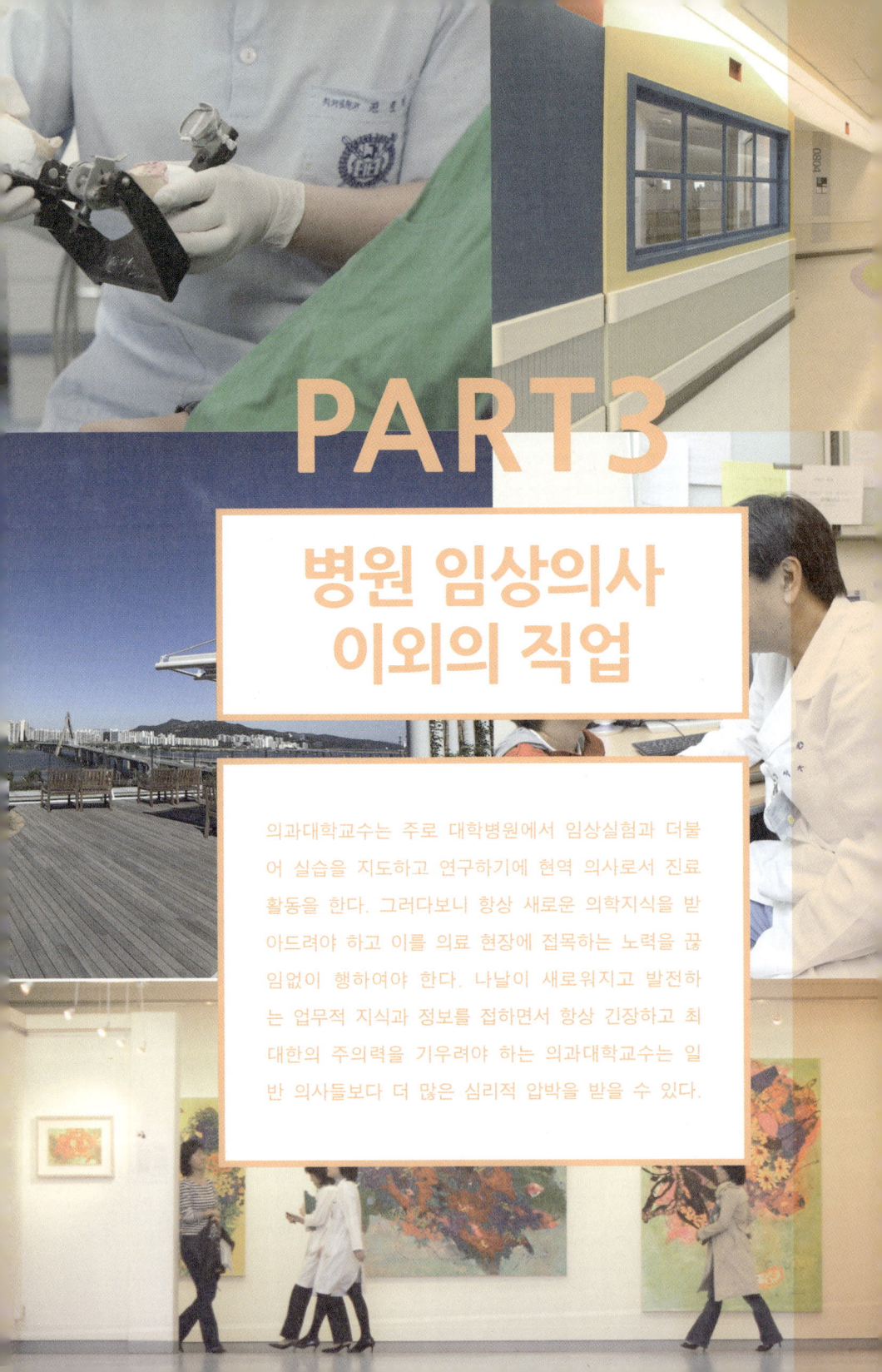

# PART3

## 병원 임상의사 이외의 직업

의과대학교수는 주로 대학병원에서 임상실험과 더불어 실습을 지도하고 연구하기에 현역 의사로서 진료 활동을 한다. 그러다보니 항상 새로운 의학지식을 받아드려야 하고 이를 의료 현장에 접목하는 노력을 끊임없이 행하여야 한다. 나날이 새로워지고 발전하는 업무적 지식과 정보를 접하면서 항상 긴장하고 최대한의 주의력을 기우려야 하는 의과대학교수는 일반 의사들보다 더 많은 심리적 압박을 받을 수 있다.

# 의대 교수

## 1 하는 일의 특성

교육 ＋ 연구 ＋ 진료

일반적으로 대학교수가 하는 일은 교육과 연구 활동이다. 의과대학교수도 그 범주를 벗어나지 않지만, 일반 대학교수와 달리 의사라는 직업적 특성이 추가되어 교육 및 연구 활동과 더불어 진료 활동도 업무의 일환으로 행하고 있다. 이들은 주로 대학병원에서 임상실험과 더불어 실습을 지도하고 연구하기에 현역 의사로서 진료활동을 한다. 말하자면 병원이 의대교수들에게 있어서는 강의실이라고 하겠다. 학문적 특성도 가지고 있지만 기술적인 특성도 함께 가지고 있는 의학은 병원이라는 현장을 떠나서 연구실에서만 이루어질 수 없다. 이는 고대부터 현대까지 의학의 역사 속에 그대로 남

아 전수되고 있다. 그래서 의과대학교수는 교수이지만 한편으로는 의사인 것이다. 의과대학이 있는 곳마다 대학병원이 있는 이유이다.

의과대학교수는 이렇게 대학병원에서 진료를 하면서 학생들을 가르치고 연구도 한다.

그러다보니 항상 새로운 의학지식을 받아드려야 하고 이를 의료 현장에 접목하는 노력을 끊임없이 행하여야 한다. 나날이 새로워지고 발전하는 업무적 지식과 정보를 접하면서 항상 긴장하고 최대한의 주의력을 기우려야 하는 의과대학교수는 일반 의사들보다 더 많은 심리적 압박을 받을 수 있다.

그런데 의과대학교수 중에서 의사가 아닌 교수도 있다. 이들

은 의학과 관련된 분야 즉 세포학, 미생물학, 분자생물학, 생화학,…
등등을 전공하는 교수들인데 이들은 진료활동을 하지 않고 일반
대학교수처럼 연구와 교육 활동만 한다. 단지 의과대학 소속일 뿐
이다.

## 2  자격

의과대학 교수가 되려면 우선 의과대학을 졸업하고 의사면허
증을 가지고 있어야 하며 인턴과 레지던트 과정을 거쳐 전문의가
되어야 하며 대학원에 진학하여 석사 이상의 학위를 받아야 한다.
어떻게 보면 의과대학교수는 전문의과정과 대학원이라는 2중의 공
부를 해야 하는 어려움이 있다. 이 부분은 앞으로 제도적으로 조정
해나갈 필요가 있다고 본다.

그리고 진료과목이 아닌 과목의 교수는 해당 전공분야의 박사
학위를 가지고 있어야 한다.

대학교수와 의과대학교수에 대한 정보는 '나의 직업 선생님'
의 교수 편을 참고하길 바란다.

# 군의관

## 2

## 군의관이란?

군의관(軍醫官)은 군대 내에서 군인들의 질환을 진료하는 군대 소속의 의사를 말한다.

일반 병원과 마찬가지로 많은 전문 분야의 의사들이 군의관으로 일하지만 또 의사 면허를 취득한 지 얼마 되지 않아 임상 경험이 많지 않은 젊은 의사들도 상당수 있다.

어떻게 보면 의사들이 전공의(인턴과 레지던트를 통칭) 과정에서 교수들의 지도하에 체험하는 임상 실습을 제외하면 독자적으로는 처음으로 겪는 임상 체험현장이 될 것이다. 따라서 의사로서는 홀로 서기를 배울 수 있는 중요한 과정 중의 하나라고 하겠다.

의사, 치과의사 또는 한의사 자격을 갖고 군의관이 되면 일선 군부대나 함정에 배치되어 일하기도 하지만 대형 종합병원 규모의 국군병원에서 일을 하기도 한다.

의무병과에 속하는 군의관은 장기 근무를 할 경우에 장군까지 진급할 수 있어서 군의관을 아예 직업으로 생각하고 평생 일하는 의사들도 많지만 병역의무를 행하기 위해 군대에서 일하는 의사들도 많다.

### 연도별 군의관 임관 현황

| 구분 | 2010년 | 2011년 | 2012년 |
|---|---|---|---|
| 군의관 임관 | 1,600명 | 1,448명 | 1,373명 |

### 2012년 임관된 군의관 구분

| 구분 | 의과 | 치과 | 한의과 |
|---|---|---|---|
| 인원수 | 1,175명 | 117명 | 81명 |

2011년 군의관 수는 대략 의과 4,461명, 치과 444명, 한의과 292명, 총 5,197명이다. 외과나 내과는 상당히 많이 선발하는 반면 소아과는 아예 선발하지 않으며 산부인과는 극소수만 선발한다.

# 복무 형태

- 군의관은 의과대학에 진학하여 6년(본과 4년)을 공부하고 의사자격을 갖춘 의대 졸업자, 전공의(인턴이나 레지던트 수련 중인 의사) 또는 현직 의사 중에서 병역을 필하지 않은 사람은 군의관으로 병역의무를 행할 수 있다. 병역의무를 치르기 위하여 군의관으로 임관된 사람은 특별한 사유가 없는 한 정해진 기간 동안 의무적으로 복무해야 한다.

- 의사 자격은 있지만 군입대 신체검사에서 보충역 대상자가 된 사람 또는 군의관 선발에서 제외된 자는 공중보건의사로 병역의무를 대체할 수 있다.

- 군의관은 의대 졸업 후 또는 인턴과정 수료 후 중위로 임관하는 것이 원칙이지만, 인턴과 레지던트 과정을 모두 마쳐 전문의 자격을 취득한 상태에서 입영을 하게 되면 대위로 임관한다. 하지만 전문의 자격을 취득한 후, 국내 의과대학 대학원에서 의학 박사학위까지 취득한 경우에는 소령으로 임관한다.

- 임관 당시 계급과 상관없이 의무복무 기간은 3년으로 동일하다.

- 군의관은 국군병원 장이 되면 신분 분류상 지휘관이 되며, 국군 수도병원장의 경우 여단장에 해당된다.

# 공무원

# 3

## 보건소 공무원

**1** 　보건소의 성격과 종류

　　보건소란 전염병 등 질병을 예방하거나 진료하고 공중 보건을 향상하는 일을 담당하기 위하여 각 구·시·군에 설치한 공공 보건의료 기관이다. 즉 병원이 아프거나 다친 환자를 치료하는 기관이라면 보건소는 일반 시민의 건강 증진을 위한 정책을 집행하고 질병의 발생을 사전에 예방하는 기관이다.

　　물론 보건소에서 환자들에 대한 1차적 진료를 하고 처방도 한다. 하지만 보건소는 병원이나 치과처럼 환자의 치료를 목적으로

하는 의료기관이 아니다. 다만 예외적으로 환자를 진찰하고 치료할
수 있도록 법으로 규정해 놓았을 뿐이다.

　　보건소 중에서 규모가 아주 큰 것을 보건의료원이라 하고 보
통은 보건소, 그리고 보건소보다 작은 규모의 것을 보건지소라고
하며 모두 보건소의 성격을 가지고 있는 기관이다.

　　보건소는 기초지방자치단체인 시 · 군 · 구 단위로 1개소씩 설
립하고 읍과 면 단위에는 보건지소를 설립하여 운영한다.

　　보건진료소는 보건소와 성격을 약간 달리하는데 "농어촌 등
보건의료를 위한 특별조치법"에 의해 의료 시설이 없는 농촌, 산골
또는 섬 지역의 주민들에게 간단한 의료 혜택을 주기 위해 예외적
으로 만든 보건 및 의료시설이다.

그래서 보건진료소에는 의사가 없고 임용된 보건진료원이 일정한 기간(24주) 동안 직무교육을 받은 후, 직원을 데리고 소장 역할을 하는데 간호사나 조산사 자격증을 가지고 있으면 보건진료원이 될 수 있다. 이들은 의사가 아니기 때문에 의료행위를 할 수 없지만 예외적으로 간단하고 긴급한 의료 행위는 할 수 있다.

보건진료소에 근무하는 보건진료원은 2011년부터 보건진료직 공무원으로 신분이 별정직에서 일반직으로 바뀌었다.

2016년 보건소, 보건지소, 보건진료소 현황

| 보건소(보건의료원 포함) | 보건지소 | 보건진료 | 합계 |
|---|---|---|---|
| 252개소 | 1,336개소 | 1,904개소 | 3,492개소 |

〈자료 출처 : 2017 보건복지통계연보, 보건복지부, 2017〉

## 2  보건소 근무 의사의 현황과 대우

보건소는 기초자치단체 별로 1개소씩 설립 운영하며 의사가 소장을 맡아 운영한다. 경우에 따라 여러 명의 의사가 보건소에 근무하기도 하고 공중보건의사가 근무하기도 한다. 그런데 읍이나 면에 세워진 보건지소로 내려가면 의사가 근무하는 경우는 그렇게 많지 않으며 보통 공중보건의가 근무하던지 보건소 의사가 순회 근무하기도 한다. 다음의 표에서 보는 것과 같이 보건지소에 근무하는 의사는 절반이 공중보건의이며 치과의사 한의사의 경우는 보건소나 보건지소를 막론하고 대다수가 공중보건의임을 알 수 있다.

보건소에 근무하는 의사는 지방의무직공무원으로서 소장의 경우 보통 4급 공무원(국장 급)으로 근무하며 소장 이외의 의사는 5급 공무원 즉 시청이나 군청의 과장급으로 근무한다.

보수는 급수와 호봉 수에 따라 동급의 정규직 공무원과 같은 봉급 및 수당을 받고 아울러 진료활동비도 더 받는다. 물론 20년 이상 근무하면 공무원연금법에 따라 퇴직연금과 퇴직수당을 받는다.

보건소 의사 현황

| 구분 | 의사 | 치과의사 | 한의사 |
|---|---|---|---|
| 2010년 | 1,065(623)명 | 290(234)명 | 410(332)명 |
| 2015년 | 896(464)명 | 239(186)명 | 305(251)명 |
| 2016년 | 994(408)명 | 263(207)명 | 297(243)명 |

※ (   )안의 숫자는 합계에 포함된 공중보건의 숫자

보건지소 의사 현황

| 구분 | 의사 | 치과의사 | 한의사 |
|---|---|---|---|
| 2010년 | 1,353(1,313)명 | 482(477)명 | 662(655)명 |
| 2015년 | 1,381(1,333)명 | 150(145)명 | 673(669)명 |
| 2016년 | 1,364(1,313)명 | 170(163)명 | 668(665)명 |

※ (   )안의 숫자는 합계에 포함된 공중보건의 숫자

보건소는 해당 지방자치단체의 관할 지역 내에서 다음과 같은 일을 한다.

1. 국민건강증진 · 보건교육 · 구강건강 및 영양개선사업
2. 전염병의 예방 · 관리 및 진료
3. 모자보건 및 가족계획사업
4. 노인보건사업
5. 공중위생 및 식품위생
6. 의료인 및 의료기관에 대한 지도 등에 관한 사항
7. 의료기사 · 의무기록사 및 안경사에 대한 지도 등에 관한 사항
8. 응급의료에 관한 사항
9. 농어촌 등 보건의료를 위한 특별조치법에 의한 공중보건의사 · 보건진료원 및 보건진료소에 대한 지도 등에 관한 사항
10. 약사에 관한 사항과 마약 · 향정신성의약품의 관리에 관한 사항
11. 정신보건에 관한 사항
12. 가정 · 사회복지시설 등을 방문하여 행하는 보건의료사업
13. 지역주민에 대한 진료, 건강진단 및 만성퇴행성질환등의 질병관리에 관한 사항
14. 보건에 관한 실험 또는 검사에 관한 사항

15. 장애인의 재활사업 기타 보건복지가족부령이 정하는 사회
    복지사업
16. 기타 지역주민의 보건의료의 향상·증진 및 이를 위한 연
    구 등에 관한 사업

 **보건진료원의 업무 내용**

1. 보건진료원의 의료행위의 범위
상병 상태를 판별하기 위한 진찰·검사 행위 – 환자의 이송 – 외상 등 흔히
볼 수 있는 환자의 치료 및 응급을 요하는 환자에 대한 응급처치 – 상병의 악
화 방지를 위한 처치 – 만성병환자의 요양지도 및 관리 – 정상 분만 시의 개
조 및 가족계획을 위한 피임기구의 삽입 – 예방 접종 – 제1호 내지 제7호의
의료행위에 따르는 의약품의 투여

2. 의료행위 외의 업무
환경 위생 및 영양 개선에 관한 업무 – 질병 예방에 관한 업무 – 가족계획을
포함한 모자보건에 관한 업무 – 주민의 건강에 관한 업무를 담당하는 자에
대한 교육 및 지도에 관한 업무 – 기타 주민의 건강 증진에 관한 업무

2016년 보건소, 보건지소, 보건진료소 근무 간호사와 간호조무사 수

2016년 보건소, 보건지소, 보건진료소 근무 간호사와 간호조무사 수

| 구분 | 보건소 | 보건지소 | 보건진료소 | 합계 |
|---|---|---|---|---|
| 간호사 | 3,921명 | 915명 | | 4,836명 |
| 간호조무사 | 796명 | 909명 | | 1,705명 |
| 보건진료원 | | | 1,846명 | 1,846명 |

〈자료 출처 : 2017 보건복지통계연보, 보건복지부, 2017〉

## 국립과학수사연구원

　범죄수사에 있어서 증거물에 대해 법의학 및 법과학적 방법으로 신속·정확하게 연구 감정함으로써 과학적 증거력을 확보하여 사건을 해결하고 범인을 검거하도록 지원하는 국내 유일의 종합연구소이다.

　　1955년 3월 25일에 설립된 국립과학수사연구원은 범죄수사 및 사건사고 등에 관련된 모든 증거물에 대한 과학적 해석 및 감정과 범죄수사에 관한 법의학적·법과학적 연구는 물론이고감정 관련 교육훈련을 하는 기관으로 날로 지능화·첨단화·고도화 되어가는 범죄를 신속하게 해결하여 선량한 시민의 억울한 피해를 방지하며 국민의 안녕과 권익을 최대한 보호하는 견인차 역할을 하고 있다. 그래서 경찰의 감식업무와 긴밀한 업무협력으로 정확한 감정 결과를 도출하기 위하여 새로운 첨단 감정기술을 개발 또는 도입하는 등 우리나라의 과학수사체제를 확립해 나가고 있는 세계적인 공인감정기관이다.

- **채용 직급** : 의무 사무관
- **주요 업무** : 변사체 부검 · 검안에 의한 법의학적 검사를 통한 사인 규명
  범죄사건에 수반되는 법의학적 새로운 감정기법 개발 및 법의학 연구
- **응시 자격** : 의사면허를 소지한 후 2년 이상 관련 분야에서 연구 또는 근무한 경력이 있는 사람

> **관련분야** : 해부학, 병리학, 진단검사의학
>
> ※ (우대요건) 병리과 전문의 자격증을 소지한 사람, 법의부검 실무를 경험한 사람

- **시험 방법** : 서류 전형 + 면접 시험
- **보수** : 공무원 보수규정에 따름
- **국과수에서 취급하는 감정서비스의 유형**
  - 변시체 부검 및 검안
  - 유전자 분석
  - 마약류 감정
  - 혈중 알콜 감정
  - 혈액형 감정

- 화재 및 폭발 관련 감정

- 총기 · 화약

- 교통사고

- 필적 · 인영 등 문서 감정

- 영상분석

- 음성 · 음향

- 법 최면 · 거짓말 탐지

- 일반 독물 · 약물 · 식품

- 토양 · 환경 · 중금속 등 화학적 분석

- 병리조직 · 법치의학 · 세균

## 법무부 의무직 공무원

법무부 산하의 교도소 또는 구치소의 의무실에서 보건 진료업무를 담당하는 일반직 공무원으로 주로 5급이나 4급으로 특별채용된다. 공무원으로서 정년까지 근무할 수 있으며 20년 이상 장기 근속 시에는 공무원연금법에 의한 퇴직연금을 받을 수 있다.

1 **임용 예정 기관 · 직급 · 선발 예정 인원**

| 구분 | 임용 예정 직급 | 모집 인원 |
|---|---|---|
| 대전교도소 | 기술서기관 | 1명 |
| 부산교도소 | 기술서기관 | 1명 |
| 목포교도소 | 기술서기관 | 1명 |
| 청주교도서 | 기술서기관 | 1명 |
| 대전교도소(논산지소) | 의무사무관 | 1명 |
| 광주교도소 | 의무사무관 | 1명 |
| 안양교도소 | 의무사무관 | 1명 |
| 진주교도소 | 의무사무관 | 1명 |
| 군산교도소 | 의무사무관 | 1명 |
| 청주여자교도소 | 의무사무관 | 1명 |

2 **담당 예정 직무**

가. 수용자에 대한 보건 · 진료 등 의료업무

나. 교도소 또는 구치소 내의 위생업무 등

3 **응시요건**

- 의사면허 소지자
  - 부이사관(3급) : 의사면허 취득 후 관련분야 10년 이상 경력이 있는 사람
  - 기술서기관(4급) : 의사면허 취득 후 관련분야 6년 이상 경력이 있는 사람
  - 의무사무관(5급) : 의사면허 취득 후 관련분야 2년 이상 경력이 있는 사람
- 응시연령 : 만 20세 이상(1993. 12. 31. 이전 출생한 사람)
- 「공무원 채용·신체검사 규정」의 불합격 판정기준에 해당하지 않는 사람
- 대한민국 국적을 소지한 사람(복수 국적자는 임용일 전까지 외국 국적을 포기 하여야 함)
- 기타사항 : 남자의 경우 병역을 필하였거나 면제된 사람

4 **시험 방법**

- 1차 시험 : 서류전형
- 2차 시험 : 면접시험 (1차 시험 합격자에 한하여 실시)

5 **보수** : '공무원 보수규정'에 따름

# 4 언론계 전문기자

    기자는 저널리스트의 직종 중 하나로 뉴스를 취재하여 기사로 작성하고 편집하는 사람이다. 잡지에서는 기고자와 교섭하는 사람을 일컫기도 한다. 또 리포터라는 직업은 신문기자나 방송기자 뿐만 아니라 TV프로그램 내에서 현장의 소식을 전하는 방송인을 일컫는 말이기도 하다.

    일반적으로 기자는 매체별로 신문기자와 방송기자로 크게 나눌 수 있는데 의학전문기자의 경우 일반 보도성 기사를 작성하기보다는 전문적인 의학 지식을 활용해 의료 관련 문제나 정책에 대하여 토론이나 고발과 같은 일을 한다.

　사회 구조가 복잡해지고 다양해짐에 따라 범죄 또는 사고로 사망하는 경우가 늘어나면서 신속하고 정확하게 문제를 해결할 필요가 생기게 되었다. 이에 보다 과학적인 조사를 통하여 정확한 사인을 밝힘으로써 범인 검거를 비롯한 경찰의 수사 활동을 신속하게 진행하도록 보조하는 의학의 분야가 바로 법의학이다. 그래서 억울한 피해를 방지하고 동시에 범죄자를 정확하게 찾아내어 처벌하도록 함으로써 국민의 권익 보호는 물론 사회의 정의와 질서를 유지하는데 기여한다.

　그런데 한국에서 법의의사가 되려면 6년간의 의과대학 교육과 5년간의 전공의 수련을 마친 후 전문의로서 검시실무 현장에서 최소 1~2년 간 실무경력을 쌓아야 한다. 이렇듯 능력 있는 법의를 양성하려면 장기간의 교육과 고도의 훈련이 필요하다. 그러나 법의가 되면 육체적·정신적으로 과중한 업무량을 감내하여야 하고, 부패한 시체의 악취는 물론 독극물 중독 시체로 인한 오염물질과 각종 전염성 질환(폐결핵·간염·에이즈 등)에 감염된 시체 부검시 감염 위험을 감수하여야 한다.

법의는 인간이라면 누구나 회피하고 싶은 각종 위험에 항상 노출된다. 또한 법의에게는 각종 강력사건에 대한 사회적 관심집중으로 인한 업무 스트레스 가중과 교통사고 손상 해석이나 의료관련 사망사건의 사인규명 및 책임소재 분석, 이후 관계 당사자 간의 법률적 쟁송의 사실조회 및 질의 관련 답변서 작성 등으로 인한 업무가 가중되고 있다. 이런 저런 이유로 법의학 전공 지원자가 절대적으로 부족한 실정에 있다. 이것이 원인이 되어 학문적 연구기반도 부족하고 사회적 검시제도도 미비하고 그로 인한 업무 수행상의 애로점도 증가하고 있다.

또한 법의는 일종의 공공 의료기관에 종사하는 셈이므로 대학에 종사하는 같은 경력의 동료 의사에 비하여 직급 및 처우 수준이 열악하여 상대적 박탈감을 크게 느끼고 있다. 이런 실정이므로 법의학 전공의들은 이직률이 높은 편이다. 법의관들은 만약 "공무원 체계에서 지원 가능한 보수 및 처우에 한계가 있다면 영미법계의 법의관사무소로 확대 개편"하여 줄 것을 건의하고 있고 또한

"법의학 전문가와 더불어 변사사건의 검시조사를 담당하는 법의조사관제도를 도입하여 운영할 필요"가 있음을 주장하고 있다. 현재 부검의를 양성하려면 많은 시간이 걸리고 모든 범죄 현장에 부검의를 참여시키는 것이 어려우므로 국과수의 부검지원 인력과 경찰 등 수사관에게 일정기간 집중적으로 법의학과 의학 교육을 실시하여 미국처럼 검시조사관을 양성하여 부검의를 보좌하게 하는 방안을 고려하여야 한다. 법의조사관은 수사능력을 가진 수사관에게 일정 기간 집중적인 의학 및 법의학 교육을 시키거나 또는 간호사·의료기사 등 의학적 지식과 경험을 가진 사람들을 수사 및 조사에 대한 교육을 집중적으로 시행함으로써 양성할 수 있다.

# PART4

## 의사가 되는 길

한의사는 우리나라 전통 의학을 바탕으로 환자를 돌보고 치료하며 치료 수단 역시 전통적인 한약이나 침, 뜸, 부항 등을 사용한다. 그래서 한의사가 되려면 한자나 한문을 배우는 것이 공부하는데 유리하며 동양의 철학이나 사상에 관심이 있다면 더욱 이해하기 쉬울 것이다. 오늘날 한의학도 첨단 의료기기를 활용하여 질병을 진단하기에 생물학이나 인체의 기능 및 기초과학에 대한 지식을 갖추는 것이 바람직하다.

# 1
## 일반의 과정

# 2
## 치과의사와 한의사 일반의 과정

# 3
## 전문의 과정

# 4
## 외국 의과대학 졸업자의
## 한국 의사면허 취득

# 일반의 과정

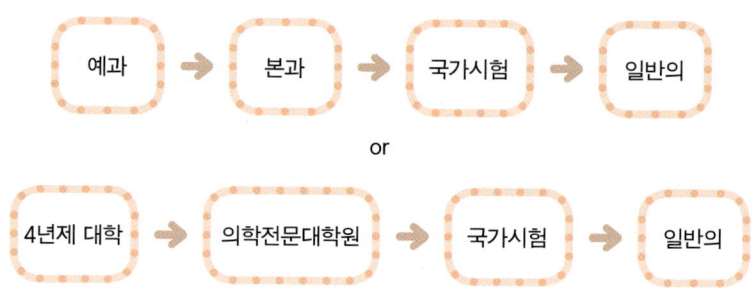

예과 → 본과 → 국가시험 → 일반의

or

4년제 대학 → 의학전문대학원 → 국가시험 → 일반의

## 대학 과정

국내 의과대학 의예과에 입학하여 2년 간 의학에 필요한 기본
적인 과학적 지식을 배우고 본과를 진학하며 본과에서 4년 간 의학

에 관한 이론 공부와 의료 관련 임상 실습을 한다.

결국 의학과는 6년 동안 공부해야 의학사가 된다. 그리고 의사 면허는 한국보건의료인 국가시험원에서 실시하는 의사자격 국가 시험에 합격해야 보건복지부에서 의사면허증을 받을 수 있다.

---

■ **의예과 교육 내용**

생체의학, 화학, 생물학, 유기화학, 세포구조와 기능, 유전학, 의학물리학, 생명과학, 생체분자학, 인체의 구조와 기능, 질병의 발생과 예방,…

■ **의학 본과 교육 내용**

임상의학, 소화기학, 흉부 및 호흡기학, 의료통계학, 심장혈관학, 콩팥 및 요로계 병학, 알레직업환경의학, 종양학, 질병예방학, 응급의학, 대체의학, 의료법규, 의료윤리, 임상실습,…

본과 1, 2학년에는 이론 중심의 교육이 이루어지고 3, 4학년에는 임상실습을 주로 한다.

---

## 의사 국가시험

1  **시험과목**

■ 실기시험 : 표준화 환자, 모의환자 또는 모형 등을 이용하여 병력 청취, 신체 진찰, 환자와의 의사소통, 진료 태도, 기

본 기술적 수기 등의 실기 시험을 본다.

- 필기시험 : 의학 총론, 의학 각론 및 보건의약 관계 법규에 대한 객관식 시험을 2일 동안 본다.

 **보건의약관계 법규**

「보건의료기본법」, 「지역보건법」, 「국민건강증진법」, 「감염병의 예방 및 관리에 관한 법률」, 「후천성면역결핍증예방법」, 「검역법」, 「의료법」, 「응급의료에 관한 법률」, 「혈액관리법」, 「마약류관리에 관한 법률」, 「국민건강보험법」과 그 시행령 및 시행규칙

## 2  합격 기준

- 필기시험은 전 과목 총점의 60퍼센트 이상, 매 과목 40퍼센트 이상 득점자
- 실기시험은 의과대학 교수로 구성된 합격선 심의위원회에서 결정된 점수 이상 득점자
- 필기시험과 실기시험 모두 합격한 자를 의사 시험 최종 합격자로 결정

# 주요 자료

의사 국가시험 합격통계

| 구분 | 횟수 | 접수 | 응시 | 합격 | 합격률 |
|------|------|------|------|------|--------|
| 2007년 | 71회 | 3,765명 | 3,735명 | 3,305명 | 88.5% |
| 2010년 | 74회 | 3,481명 | 3,469명 | 3,224명 | 92.9% |
| 2016년 | 80회 | 3,332명 | 3,323명 | 3,106명 | 93.5% |
| 2017년 | 81회 | 3,346명 | 3,336명 | 3,095명 | 92.8% |
| 2018년 | 82회 | 3,385명 | 3,373명 | 3,204명 | 95.0% |

의사, 치과의사, 한의사 국가시험 합격자 수

| 구분 | 의사 | | 치과의사 | | 한의사 | |
|------|------|------|----------|------|--------|------|
| | 응시자 | 합격자 | 응시자 | 합격자 | 응시자 | 합격자 |
| 2015년 | 3,302명 | 3,125명 | 751명 | 725명 | 816명 | 772명 |
| 2016년 | 3,323명 | 3,106명 | 812명 | 808명 | 792명 | 756명 |
| 2017년 | 3,336명 | 3,095명 | 802명 | 795명 | 821명 | 775명 |
| 2018년 | 3,373명 | 3,204명 | 791명 | 785명 | 833명 | 797명 |

## 전국 의과대학 현황

### 국립

강원대학교(의학전문대학원 49명), 경북대학교(의예과 110명), 경상대학교(의예과 76명), 부산대학교(의예과 125명), 서울대학교(의예과 135명), 전남대학교(의예과 125명), 전북대학교(의예과 142명), 제주대학교(의학전문대학원 40명), 충남대학교(의예과 110명), 충북대학교(의예과 49명)

### 사립

가천대학교(의예과 40명), 가톨릭대학교(의예과 93명), 건국대학교(의학전문대학원 40명), 건양대학교(의학과 49명), 경희대학교(의예과 110명), 계명대학교(의예과 76명), 고려대학교(의예과 106명), 고신대학교(의예과 76명), 카톨릭관동대학교(의학과 49명), 단국대학교(의예과 40명), 대구가톨릭대학교(의예과 40명), 동국대학교(의예과 49명), 동아대학교(의예과 49명), 성균관대학교(의예과 40명), 순천향대학교(의예과 93명), 아주대학교(의예과 40명), 연세대학교(의예과 110명), 연세대학교 원주의과대학(의예과 93명), 영남대학교(의예과 76명), 울산대학교(의예과 40명), 원광대학교(의예과 93명), 을지대학교(의예과 40명), 이화여자대학교(의예과 76명), 인제대학교(의예과 93명), 인하대학교(의예과 49명), 조선대학교(의예과 125명), 중앙대학교(의예과 86명), 차의과대학교(의학전문대학원 40=2017년 의예과 40명), 한림대학교(의예과 76명), 한양대학교(의예과 110명)

2015년과 2017년에 의학전문대학원에서 의과대학으로 전환하는 대학이 대다수였다. 현재는 CHA의학전문대학원, 건국대의학전문대학원, 강원대의학전문대학원 3개 학교와 동국대, 제주대학교만 의학전문대학원이 남아있으며. 동국대학교는 2020학년도부터 제주대학교는 2021학년도부터 의예과로 완전 전환하기로 밝혔다.

# 2
## 치과의사와 한의사 일반의 과정

### 치과의사가 되는 길

    치과의사는 건강한 치아를 유지하도록 치아를 포함한 구강의 질환을 치료하거나 교정·대치하며 사전 예방활동도 한다. 그래서 구강 질환을 정밀하게 진단하기 위해서 X-ray와 같은 영상의료기기를 비롯한 첨단 의료기기를 이용하여 질환의 원인과 병리 검사를 실시하고, 치과기구를 사용하여 외과적 수술이나 약물치료를 한다. 또한 치아를 청소하고 충치를 치료하며 의치로 대체하는 작업을 수행하여 결손된 치아나 조직을 적절한 인공적 장치물로 대치하여 교정한다. 그 밖에도 시린 치아의 치료와 보존, 표백 등을 수행하며 잇몸 염증과 치석을 제거하여 치아를 윤택하게 한다.

　이처럼 치과의사는 치아나 구강과 관련하여 다른 어떤 의사보다도 손을 많이 사용하여 진찰하고 치료한다. 그래서 치밀하고 정교한 손놀림이 필요하기에 손재주가 있다면 작업하기가 보다 용이해 질 것이다. 동시에 차분하고 끈기있게 자신의 마음과 행동을 통제할 수 있는 성격을 가진 사람이라면 더욱 좋을 것이다.

　치과의사가 되기 위해서는 대학 치의예과에 진학하여 6년간 예과와 본과에서 공부를 한 뒤 치과의사 국가자격시험에 합격하여야 한다. 그러면 보건복지부에서 치과의사 면허증을 주는데 이 면허증이 있어야 치과의사로서 의료행위를 할 수 있다.

　치과의사 일반의 경우에는 의사의 종류 편에서 설명하였기에 생략한다. 다음은 치의예과와 치의학전문대학원을 개설한 대학교들이다.

## 한의사가 되는 길

한의사는 우리나라 전통 의학을 바탕으로 환자를 돌보고 치료하며 치료 수단 역시 전통적인 한약이나 침, 뜸, 부황 등을 사용한다. 그래서 한의사가 되려면 한자나 한문을 배우는 것이 공부하는데 유리하며 동양의 철학이나 사상에 관심이 있다면 더욱 이해하기 쉬울 것이다.

　오늘날 한의학도 첨단 의료기기를 활용하여 질병을 진단하기에 생물학이나 인체의 기능 및 기초과학에 대한 지식을 갖추는 것이 바람직하다.

　그리고 앞에서도 설명하였지만 우리나라 한의학하고 중국의 한의학이 서로 다른 점이 있기 때문에 중국 한의사를 우리나라 한의사와 같은 차원으로 생각하면 안 된다.

　중국은 현대화 과정 중에 특히 문화대혁명이라는 소용돌이를 거치면서 중국의 전통 문화에 대한 대대적인 정리 작업을 했다. 이때 중국의 한의학 역시 천대 받아 거의 명맥을 상실하게 되었다. 그러나 우리나라에서는 전통 의학이 그대로 전승되어와 오늘날 우리나라의 한의학이 동양 한의학의 구심점이 되어 있음을 알아야 한다. 그래서 현대 중국의 한의학도 우리나라 한의학의 도움을 받아 옛 원형을 회복하려고 노력하고 있다.

그래서 외국의 의과대학이나 치과대학에서 의학 공부를 하여 의사나 치과의사가 된 사람들에 대해 심사를 거쳐 우리나라에서도 인정해주는 경향이 있지만 한의사는 우리나라 이외의 외국대학에서는 제대로 공부할 수 없는 상황이라서 외국에서 한의사 자격을 얻는다하여도 우리나라에서 한의사로 의료행위를 하기는 아직 이르다고 본다.

---

### 한의과를 개설하고 있는 대학

가천대학교(한의예과 20명), 경희대학교(한의예과 78명), 동국대학교(한의예과 72명), 동신대학교(한의예과 40명), 동의대학교(한의예과 50명), 상지대학교(한의예과 60명), 세명대학교(한의예과 40명), 우석대학교(한의예과 30명), 원광대학교(한의예과 67명), 부산대학교(한의학전문대학원 50명)

# 3

# 전문의 과정

## 의사 전문의

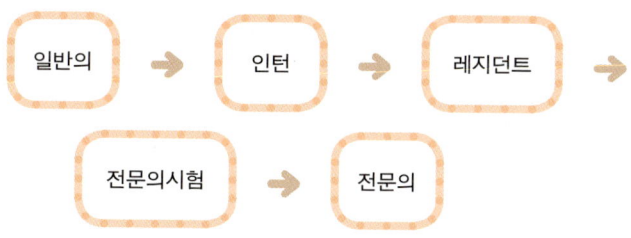

　　의사 면허를 취득한 일반의는 1년간의 인턴 과정과 특정 전문 분야에서 3~4년간의 전문의훈련과정(레지던트)을 거친 후 국가에서 실시하는 전문의 자격시험에 합격하면 보건복지부 장관이 수여하는 전문의 자격증을 발급받아 전문의로 활동할 수 있다.

**1**  **전문의자격시험 응시자격**

　　의사로서 전문의의 수련 및 자격인정 등에 관한 규정에 따른 수련과정을 이수한 사람이다. 전공의의 수련기간은 인턴 1년, 레지던트 4년(결핵과와 예방의학과는 3년)이며 가정의학과의 경우 인턴과정 없이 레지던트 3년이다. 다만, 군의 의무장교로서 현역복무를 마치고 예비역 병적에 편입된 자 또는 농어촌 등 보건의료를 위한 특별조치법에 의한 공중보건의사의 의무를 이행한 자가 당해 전역연도 또는 의무이행 완료연도에 수련을 받고자 하는 경우에는 인턴의 수련기간은 10개월로, 레지던트의 수련기간은 3년 10개월로 하며, 가정의학과의 경우에는 2년 10개월로 한다.


**2**  **시험과목 및 평가방법**

　　전문의 자격시험의 시험과목은 각 전문과목에 해당하는 과목으로 한다. 시험시간 및 출제비율은 각 전문과목에 따라 다르며 각 전문과목의 학회별로 별도 공지한다.

- 평가방법 : 1차 시험(필기시험), 2차 시험(실기시험 또는 구술시험)
- 합격기준 : 1, 2차 시험의 총점이 각각 60%이상을 득점한 사람

**1차 시험면제**

1. 「의사로서 보건복지가족부장관이 수련을 마친 사람으로 인정한 사람」으로서 국내외 의과대학·수련병원 또는 수련기관에서 4년 이상의 교육 또는 수련지도 경력이 있는 사람이 해당 전문과목의 전문의 자격시험에 응시할 때에는 1차 시험을 면제한다.
2. 1차 시험에 합격한 사람이 2차 시험에 불합격한 경우에는 다음 1회에만 1차 시험을 면제한다.

## 3  주요통계

### 합격통계

(단위 : 명, %)

| 연도 | 구분 | 1차 시험 | | | | 2차 시험 | | | | 최종 합격률 |
|------|------|------|------|------|--------|------|------|------|--------|------|
| | | 대상 | 응시 | 합격 | 합격률 | 대상 | 응시 | 합격 | 합격률 | |
| 2007년 | 50회 | 3,031 | 3,017 | 2,912 | 96.51 | 3,067 | 3,067 | 2,892 | 94.29 | 95.85 |
| 2008년 | 51회 | 3,130 | 3,167 | 2,975 | 97.0 | 3,017 | 3,017 | 2,976 | 98.64 | 95.7 |
| 2009년 | 52회 | 3,279 | 3,221 | 3,107 | 96.46 | 3,147 | 3,147 | 3,059 | 97.2 | 93.29 |
| 2010년 | 53회 | 3,365 | 3,348 | 3,221 | 97.64 | 3,298 | 3,292 | 3,226 | 97.82 | 93.72 |
| 2011년 | 54회 | 3,395 | 3,374 | 3,132 | 92.25 | 3,197 | 3,196 | 3,137 | 98.12 | 90.66 |

## 2016년 분야 별 전문의 합격자 수와 합격률

내과 670명(96.7%), 외과 145명(%), 정형외과 245명(95.7%), 신경외과 108명(100%), 흉부외과 19명(100%), 성형외과 88명(95.7%), 마취통증의학과 211명(96.4%), 산부인과 100명(100%), 소아청소년과 221명(100%), 안과 155명(99.4%), 이비인후과 125명(98.4%), 피부과 81명(100%), 비뇨기과 39명(100%), 병리과 31명(91.2%), 진단검사의학과 30명(96.8%), 결핵과 0명(-), 재활의학과 127명(100%), 예방의학과 13명(86.7%), 영상의학과 155명(96.3%), 방사선종양학과 9명(81.8%), 신경과 88명(96.7%), 정신건강의학과 148명(90.2%), 가정의학과 299명(93.7%), 직업환경의학과 34명(100%), 핵의학과 19명(100%), 응급의학과 148명(98.0%)

## 전문의 수 : 91,688명(2016년 기준 전체 의사의 약 78%)

내과 16,149명, 외과 6,937명, 정형외과 6,440명, 신경외과 2,870명, 흉부외과 1,226명, 성형외과 2,216명, 마취통증의학과 4,887명, 산부인과 6,697명, 소아청소년과 6,541명, 안과 3,466명, 이비인후과 4,034명, 피부과 2,313명, 비뇨기과 2,748명, 병리과 1,022명, 진단검사의학과 1,007명, 결핵과 181명, 재활의학과 1,988명, 예방의학과 710명, 영상의학과 3,579명, 방사선종양학과 456명, 신경과 1,931명, 정신건강의학과 3,506명, 가정의학과 7,695명, 직업환경의학과 697명, 핵의학과 330명, 응급의학과 1,545명, 신경정신과 284명, 방사선과 233명

## 치과전문의

　우리나라에서 치과전문의제도는 2008년부터 시작되어 일반
국민들은 치과 일반의와 전문의를 잘 구별하지 못하거나 제도에
대해 잘 알고 있는 이가 드문 편이다.

　치과의사 자격을 가진 자가 전공의 수련기관에서 인턴 1년과
레지던트 3년의 과정을 거쳐 전문의 자격시험에 합격하면 치과의
사 전문의가 된다.

　인턴이나 레지던트 과정에서 수련하는 의사를 전공의라고 하
는데 전공의가 공부하는 내용은 앞의 의사의 종류에서 설명하였기
에 생략한다.

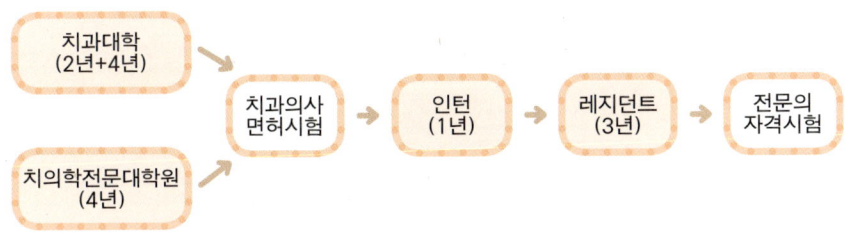

- 인턴 : 치과의사 면허 취득 후 수련치과병원에서 임상 각
  과목의 실기를 1년간 수련하는 자
- 레지던트 : 인턴 과정 이수 후 수련치과병원 또는 수련기관
  에서 1개 전문과목을 3년간 수련하는 자
- 수련치과병원 : 보건복지부장관으로 부터 지정을 받아 전

공의를 수련시키는 의료기관

- 수련기관 : 보건복지부장관으로 부터 지정을 받아 전공의를 수련시키는 치과대학 또는 치의학전문대학원

## 1 전문분야

구강악안면외과, 치과보철과, 치과교정과, 소아치과, 치주과, 치과보존과, 구강내과, 구강악안면방사선과, 구강병리과, 예방치과

## 2 치과의사 전문의 자격시험

- 응시자격 : 치과의사로서 전공의 수련과정을 마친 사람
- 시험기관 : 치과의사협회
- 실시시기 : 매년 1회 이상 실시
- 시험방법 : 1차 시험(필기시험), 2차 시험(실기시험 또는 구술시험)
- 합격기준 : 1, 2차 시험의 총점이 각각 60%이상을 득점한 사람

＊ 전년도 응시자 중 1차 시험 합격 후 2차 시험 불합격인 경우 다음 1회에 한해 1차 시험 면제

## 한의사 전문의

한방병원의 한의사 전문의과정에서 수련받는 한의사를 한방전공의라 하는데 1년 과정의 일반수련의와 3년 과정의 전문수련의가 있다. 한의사 전문의가 되기 위해서는 다른 전문의처럼 일반수련의와 전문수련의 과정을 모두 거쳐야 한다.

이러한 전문의 수련과정을 개설하는 교육기관을 수련한방병원이라고 하는데 별도의 기준에 따라 보건복지부장관이 지정한다.

일반수련의과정에서는 공통적으로 수련을 하지만 전문수련의 과정에서는 7개 전문분야 중에서 한 분야를 선택하여 전문적으로 수련한다. 이렇게 4년의 수련과정을 마치고 한의사 전문의 자격시험을 통과하면 한의사 전문의가 된다.

### 1 한의사 전문의 전문과목

한방내과, 한방부인과, 한방소아과, 한방신경정신과, 침구과, 한방 안·이비인후·피부과, 한방재활의학과 및 사상체질과

### 2 수련기간

한방전공의 수련기간은 일반수련의 1년, 전문수련의 3년으로 한다. 하지만 다음과 같은 경우에 일반수련의 수련기간은 10개월, 전문수련의 수련기간은 2년 10개월로 한다.

- 군의 의무장교로서 현역복무를 마치고 예비역 병적에 편입된 사람이 해당 전역연도에 수련을 받으려는 경우
- 「농어촌 등 보건의료를 위한 특별조치법」에 따른 공중보건의사의 의무를 이행한 사람이 의무이행 완료연도에 수련을 받으려는 경우

### 3 한방전공의 시험

- 일반수련의 임용 : 한의과대학 성적과 필기시험 및 면접·실기시험의 성적을 합산
- 전문수련의 임용 : 일반수련의 근무성적과 필기시험 및 면접·실기시험의 성적을 합산

\* 시험은 연 1회 이상 실시하고 일반수련의 필기시험은 한의사국가시험으로 대체 가능

**4  한방전공의 보수**

수련한방병원으로 지정을 받은 국공립병원에서 수련 중인 한방전공의에게는 해당 국공립병원의 예산의 범위에서 국가공무원 5급 또는 6급에 준하는 보수를 지급한다. 단, 한방전공의는 의료기관을 개설하거나 다른 직무를 겸하지 못한다.

**5  한의사전문의 자격시험**

- 실시기관 : 한의사회에서 매년 1회 이상 실시

**6  시험방법**

- 1차 시험 : 전문과목 필기시험
- 2차 시험 : 실기시험 또는 구술시험

＊ 1차 시험에 합격한 사람이 아니면 2차 시험에 응시할 수 없고, 1차 시험에 합격한 사람이 2차 시험에 불합격한 경우에는 다음 1회에만 1차 시험을 면제

**7  합격기준**

- 1차 시험과 2차 시험에서 각각 총점의 60퍼센트 이상을 득점한 자.

# 4 외국 의과대학 졸업자의 한국 의사면허 취득
## (의사, 치과의사의 경우)

## 절차

보건복지부장관이 인정하는 외국 의과대학을 졸업하고 졸업한 국가의 의사 면허를 받은 자로서 우리나라 의사 예비시험에 합격한 자는 의사 국가시험에 응시할 자격을 가지며 시험에 합격하면 우리나라 일반의 의사면허증 받게 된다. 그러면 우리나라에서 일반 의사들과 마찬가지로 의료행위를 할 수 있다.

이런 과정을 거친 외국 의과대학 졸업자는 외국의 의사면허와 한국의 의사면허 등 2가지 의사면허를 갖게 된다.

그런데 우리나라에서 인정한다고 정해 놓은 외국 대학의 목록이 있는 것이 아니고 외국 의사면허 소지자가 우리나라 의사면허증을 받기 위해 먼저 보건복지부의 인정을 받기 위하여 국시원에 신청해야 한다.

신청기한은 보통 5월 31일 이전까지 인데 자세한 사항은 2월경에 발표된다. 그러면 외국면허심사위원회가 개최되어 심사하게 되며 그 결과를 보건복지부로 통보하고 다시 보건복지부가 국시원에 통보하면 국시원에서 신청자에게 통보한다. 그래서 인정이 되면 의사 예비시험을 치를 자격을 갖게 된다.


## 외국 의과대학 인정 신청

한국보건의료인 국가시험원(국시원)에서 공고하는 내용에 따라 인정신청서와 함께 구비서류를 첨부하여 지정된 기일 안에 신청해야 한다. 국시원의 홈페이지를 참조해야 한다. 그리고 모든 서류들은 지정된 방법에 따라 한국어로 번역과 공증을 받아 제출해야 한다.

① 외국대학 인정신청서

② 면허증 사본

③ 학위증 사본 또는 졸업증명서

④ 성적증명서(편입학한 경우 편입 전 대학의 성적증명서 포함)

⑤ 교과과정표(curriculum)

⑥ 교수요목(syllabus) : 이수한 전공 과목에 대한 교육 목표, 학습 내용, 수업시간 등이 포함된 문서

⑦ 학칙 : 입학 및 편입학에 관한 규정, 졸업에 관한 규정, 학점 인정에 관한 규정 등이 포함되어야 함

⑧ 학교 안내서 : 전임강사 · 교수 현황, 실습시설 현황 등이 포함되어야 함

⑨ 출입국사실증명서 : 한국의 출입국사무소 또는 동사무소에서 발급 가능함

⑩ 기타 응시자격이 있음을 증명하는 서류

## 예비시험(의사, 치과의사에 한함) 및 국가시험

■ **예비시험**
보건복지부장관이 인정하는 외국대학을 졸업한자가 국가시험 응시 전에 시행하는 시험으로 1차 필기, 2차 실기시험으로 시행하며 1차 시험 합격자에 한하여 2차 시험 응시기회 부여.

■ **1차 예비시험 및 합격자 발표**
〈제출서류〉

① 면허증 사본(또는 1994.7.7 당시 재학사실확인서) 1매

② 졸업증명서 1매

③ 성적증명서 1매

④ 출입국 사실 증명서 1매

⑤ 「한국어능력시험」고급(5급 이상) 또는 「일반 한국어능력시험(Standard TOPIK)」 고급(5급 이상) 인증서(또는 국내 중학교 및 고등학교 졸업증명서 각 1매) 1매

\* 외국에서 발행된 서류는 당해국 주재 대한민국 공관장의 확인 후 우리말로 번역·공증하여 제출.

- **2차 예비시험 및 합격자 발표**
- **사실조회(1차)** : 신청자가 제출한 졸업증명서, 성적증명서, 면허증 등의 진위여부 확인.

  국시원 → 외교통상부장관 경유 → 해당국 대사관 → 신청자의 졸업대학 등에 사실조회 → 외교통상부장관 경유 → 보건복지부(국시원)

- **국가시험 시행 및 합격자 발표**
- **사실조회(2차)** : 1차 사실조회와 같은 과정으로 신청자가 제출한 졸업증명서, 성적증명서, 면허증 등의 진위여부 확인(1차 사실조회 결과 누락·미비사항 재의뢰).
- **면허교부**

  ① 의사진단서

  ② 신원증명서(국가별 명칭 상이, 관련 법률 위반사실 확인)

주요 참고 자료

## 제2조 (의료인)

① 이 법에서 "의료인"이란 보건복지부장관의 면허를 받은 의사 · 치과의사 · 한의사 · 조산사 및 간호사를 말한다.

② 의료인은 종별에 따라 다음 각 호의 임무를 수행하여 국민보건 향상을 이루고 국민의 건강한 생활 확보에 이바지할 사명을 가진다.

1. 의사는 의료와 보건지도를 임무로 한다.

2. 치과의사는 치과 의료와 구강 보건지도를 임무로 한다.

3. 한의사는 한방 의료와 한방 보건지도를 임무로 한다.

4. 조산사는 조산(助産)과 임부(姙婦) · 해산부(解産婦) · 산욕부(産褥婦) 및 신생아에 대한 보건과 양호지도를 임무로 한다.

5. 간호사는 상병자(傷病者)나 해산부의 요양을 위한 간호 또는 진료 보조 및 대통령령으로 정하는 보건활동을 임무로 한다.

## 제3조 (의료기관)

① 이 법에서 "의료기관"이란 의료인이 공중(公衆) 또는 특정 다수인을 위하여 의료 · 조산의 업(이하 "의료업"이라 한다)을 하는 곳을 말한다.

② 의료기관은 다음 각 호와 같이 구분한다.

1. 의원급 의료기관 : 의사, 치과의사 또는 한의사가 주로 외래 환자를 대상으로 각각 그 의료행위를 하는 의료기관으로서 그 종류는 다음 각 목과 같다.

가. 의원

나. 치과의원

다. 한의원

2. 조산원 : 조산사가 조산과 임부·해산부·산욕부 및 신생아를 대상으로 보건활동과 교육·상담을 하는 의료기관을 말한다.

3. 병원급 의료기관 : 의사, 치과의사 또는 한의사가 주로 입원 환자를 대상으로 의료행위를 하는 의료기관으로서 그 종류는 다음 각 목과 같다.

가. 병원

나. 치과병원

다. 한방병원

라. 요양병원(「정신보건법」 제3조제3호에 따른 정신의료기관 중 정신병원, 「장애인복지법」 제58조제1항제2호에 따른 의료재활시설로서 제3조의2의 요건을 갖춘 의료기관을 포함한다. 이하 같다)

마. 종합병원

③ 보건복지부장관은 보건의료정책에 필요하다고 인정하는 경우에는 제2항제1호부터 제3호까지의 규정에 따른 의료기관의 종류별 표준업무를 정하여 고시할 수 있다.

## 제3조의2 (병원등)

병원 · 치과병원 · 한방병원 및 요양병원(이하 "병원등"이라 한다)은 30개 이상의 병상(병원 · 한방병원만 해당한다) 또는 요양병상(요양병원만 해당하며, 장기입원이 필요한 환자를 대상으로 의료행위를 하기 위하여 설치한 병상을 말한다)을 갖추어야 한다.

## 제3조의3 (종합병원)

① 종합병원은 다음 각 호의 요건을 갖추어야 한다.

1. 100개 이상의 병상을 갖출 것

2. 100병상 이상 300병상 이하인 경우에는 내과 · 외과 · 소아청소년과 · 산부인과 중 3개 진료과목, 영상의학과, 마취통증의학과와 진단검사의학과 또는 병리과를 포함한 7개 이상의 진료과목을 갖추고 각 진료과목마다 전속하는 전문의를 둘 것

3. 300병상을 초과하는 경우에는 내과, 외과, 소아청소년과, 산부인과, 영상의학과, 마취통증의학과, 진단검사의학과 또는 병리과, 정신건강의학과 및 치과를 포함한 9개 이상의 진료과목을 갖추고 각 진료과목마다 전속하는 전문의를 둘 것

② 종합병원은 제1항제2호 또는 제3호에 따른 진료과목(이하 이 항에서 "필수진료과목"이라 한다) 외에 필요하면 추가로 진료과목을 설치 · 운영할 수 있다. 이 경우 필수진료과목 외의 진료과목에 대하여는 해당 의료기관에 전속하지 아니한 전문의를 둘 수 있다.

## 제3조의4 (상급종합병원 지정)

① 보건복지부장관은 다음 각 호의 요건을 갖춘 종합병원 중에서 중증질환에 대하여 난이도가 높은 의료행위를 전문적으로 하는 종합병원을 상급종합병원으로 지정할 수 있다.

1. 보건복지부령으로 정하는 20개 이상의 진료과목을 갖추고 각 진료과목마다 전속하는 전문의를 둘 것
2. 제77조제1항에 따라 전문의가 되려는 자를 수련시키는 기관일 것
3. 보건복지부령으로 정하는 인력 · 시설 · 장비 등을 갖출 것
4. 질병군별(疾病群別) 환자구성 비율이 보건복지부령으로 정하는 기준에 해당할 것

③ 보건복지부장관은 제1항에 따라 상급종합병원으로 지정받은 종합병원에 대하여 3년마다 제2항에 따른 평가를 실시하여 재지정하거나 지정을 취소할 수 있다.

## 제3조의5 (전문병원 지정)

① 보건복지부장관은 병원급 의료기관 중에서 특정 진료과목이나 특정 질환 등에 대하여 난이도가 높은 의료행위를 하는 병원을 전문병원으로 지정할 수 있다.

② 제1항에 따른 전문병원은 다음 각 호의 요건을 갖추어야 한다.

1. 특정 질환별 · 진료과목별 환자의 구성비율 등이 보건복지부령으로 정하는 기준에 해당할 것

2. 보건복지부령으로 정하는 수 이상의 진료과목을 갖추고 각
   진료과목마다 전속하는 전문의를 둘 것

④ 보건복지부장관은 제1항에 따라 전문병원으로 지정받은 의료
   기관에 대하여 3년마다 제3항에 따른 평가를 실시하여 재지정
   하거나 지정을 취소할 수 있다.

⑥ 전문병원 지정 · 재지정의 기준 · 절차 및 평가업무의 위탁 절
   차 등에 관하여 필요한 사항은 보건복지부령으로 정한다.


## 제2장 의료인

### 제1절 자격과 면허

### 제4조 (의료인과 의료기관의 장의 의무)

① 의료인과 의료기관의 장은 의료의 질을 높이고 병원감염을 예
   방하며 의료기술을 발전시키는 등 환자에게 최선의 의료서비
   스를 제공하기 위하여 노력하여야 한다.

② 의료인은 다른 의료인의 명의로 의료기관을 개설하거나 운영
   할 수 없다.

③ 의료기관의 장은 「보건의료기본법」 제6조 · 제12조 및 제13조
   에 따른 환자의 권리 등 보건복지부령으로 정하는 사항을 환
   자가 쉽게 볼 수 있도록 의료기관 내에 게시하여야 한다. 이
   경우 게시 방법, 게시 장소 등 게시에 필요한 사항은 보건복지

부령으로 정한다.

## 제5조 (의사 · 치과의사 및 한의사 면허)

① 의사 · 치과의사 또는 한의사가 되려는 자는 다음 각 호의 어느 하나에 해당하는 자격을 가진 자로서 제9조에 따른 의사 · 치과의사 또는 한의사 국가시험에 합격한 후 보건복지부장관의 면허를 받아야 한다.

1. 「고등교육법」 제11조의2에 따른 인정기관(이하 "평가인증기구"라 한다)의 인증(이하 "평가인증기구의 인증"이라 한다)을 받은 의학 · 치의학 또는 한의학을 전공하는 대학을 졸업하고 의학사 · 치의학사 또는 한의학사 학위를 받은 자

2. 평가인증기구의 인증을 받은 의학 · 치의학 또는 한의학을 전공하는 전문대학원을 졸업하고 석사학위 또는 박사학위를 받은 자

3. 보건복지부장관이 인정하는 외국의 제1호나 제2호에 해당하는 학교를 졸업하고 외국의 의사 · 치과의사 또는 한의사 면허를 받은 자로서 제9조에 따른 예비시험에 합격한 자

② 평가인증기구의 인증을 받은 의학 · 치의학 또는 한의학을 전공하는 대학 또는 전문대학원을 6개월 이내에 졸업하고 해당 학위를 받을 것으로 예정된 자는 제1항제1호 및 제2호의 자격을 가진 자로 본다. 다만, 그 졸업예정시기에 졸업하고 해당 학위를 받아야 면허를 받을 수 있다.

③ 제1항에도 불구하고 입학 당시 평가인증기구의 인증을 받은 의학·치의학 또는 한의학을 전공하는 대학 또는 전문대학원에 입학한 사람으로서 그 대학 또는 전문대학원을 졸업하고 해당 학위를 받은 사람은 같은 항 제1호 및 제2호의 자격을 가진 사람으로 본다.

## 제8조 (결격사유 등)

다음 각 호의 어느 하나에 해당하는 자는 의료인이 될 수 없다.
1. 「정신보건법」 제3조제1호에 따른 정신질환자. 다만, 전문의가 의료인으로서 적합하다고 인정하는 사람은 그러하지 아니하다.
2. 마약·대마·향정신성의약품 중독자
3. 금치산자·한정치산자
4. 이 법 또는 「형법」 제233조, 제234조, 제269조, 제270조, 제317조제1항 및 제347조(허위로 진료비를 청구하여 환자나 진료비를 지급하는 기관이나 단체를 속인 경우만을 말한다), 「보건범죄단속에 관한 특별조치법」, 「지역보건법」, 「후천성면역결핍증 예방법」, 「응급의료에 관한 법률」, 「농어촌 등 보건의료를 위한 특별조치법」, 「시체해부 및 보존에 관한 법률」, 「혈액관리법」, 「마약류관리에 관한 법률」, 「약사법」, 「모자보건법」, 그 밖에 대통령령으로 정하는 의료 관련 법령을 위반하여 금고 이상의 형을 선고받고 그 형의 집행이 종료되지 아니

하였거나 집행을 받지 아니하기로 확정되지 아니한 자

## 제9조 (국가시험 등)

① 의사 · 치과의사 · 한의사 · 조산사 또는 간호사 국가시험과 의사 · 치과의사 · 한의사 예비시험(이하 "국가시험등"이라 한다)은 매년 보건복지부장관이 시행한다.

② 보건복지부장관은 국가시험 등의 관리를 대통령령으로 정하는 바에 따라 시험관리 능력이 있다고 인정되는 관계 전문기관에 맡길 수 있다.

④ 국가시험 등에 필요한 사항은 대통령령으로 정한다.

## 제10조 (응시자격 제한 등)

① 제8조 각 호의 어느 하나에 해당하는 자는 국가시험 등에 응시할 수 없다.

② 부정한 방법으로 국가시험 등에 응시한 자나 국가시험 등에 관하여 부정행위를 한 자는 그 수험을 정지시키거나 합격을 무효로 한다.

③ 제2항에 따라 수험이 정지되거나 합격이 무효가 된 자는 그 다음에 치러지는 2회의 국가시험 등에 응시할 수 없다.

## 제13조 (의료기재 압류 금지)

의료인의 의료 업무에 필요한 기구 · 약품, 그 밖의 재료는 압류하지 못한다.

## 제15조 (진료거부 금지 등)

① 의료인은 진료나 조산 요청을 받으면 정당한 사유 없이 거부하지 못한다.

② 의료인은 응급환자에게 「응급의료에 관한 법률」에서 정하는 바에 따라 최선의 처치를 하여야 한다.

## 제19조 (비밀 누설 금지)

의료인은 이 법이나 다른 법령에 특별히 규정된 경우 외에는 의료 · 조산 또는 간호를 하면서 알게 된 다른 사람의 비밀을 누설하거나 발표하지 못한다.

## 제20조 (태아 성 감별 행위 등 금지)

① 의료인은 태아 성 감별을 목적으로 임부를 진찰하거나 검사하여서는 아니 되며, 같은 목적을 위한 다른 사람의 행위를 도와서도 아니 된다.

② 의료인은 임신 32주 이전에 태아나 임부를 진찰하거나 검사하면서 알게 된 태아의 성(性)을 임부, 임부의 가족, 그 밖의 다른 사람이 알게 하여서는 아니 된다.

## 제21조 (기록 열람 등)

① 의료인이나 의료기관 종사자는 환자가 아닌 다른 사람에게 환자에 관한 기록을 열람하게 하거나 그 사본을 내주는 등 내용을 확인할 수 있게 하여서는 아니 된다.

② 제1항에도 불구하고 의료인이나 의료기관 종사자는 다음 각 호의 어느 하나에 해당하면 그 기록을 열람하게 하거나 그 사본을 교부하는 등 그 내용을 확인할 수 있게 하여야 한다. 다만, 의사 · 치과의사 또는 한의사가 환자의 진료를 위하여 불가피하다고 인정한 경우에는 그러하지 아니하다.

1. 환자의 배우자, 직계 존속 · 비속 또는 배우자의 직계 존속이 환자 본인의 동의서와 친족관계임을 나타내는 증명서 등을 첨부하는 등 보건복지부령으로 정하는 요건을 갖추어 요청한 경우

2. 환자가 지정하는 대리인이 환자 본인의 동의서와 대리권이 있음을 증명하는 서류를 첨부하는 등 보건복지부령으로 정하는 요건을 갖추어 요청한 경우

3. 환자가 사망하거나 의식이 없는 등 환자의 동의를 받을 수 없어 환자의 배우자, 직계 존속 · 비속 또는 배우자의 직계 존속이 친족관계임을 나타내는 증명서 등을 첨부하는 등 보건복지부령으로 정하는 요건을 갖추어 요청한 경우

4. 「국민건강보험법」 제14조, 제47조, 제48조 및 제63조에 따라 급여비용 심사 · 지급 · 대상여부 확인 · 사후관리 및 요

양급여의 적정성 평가·가감지급 등을 위하여 국민건강보험공단 또는 건강보험심사평가원에 제공하는 경우

5. 「의료급여법」 제5조, 제11조, 제11조의3 및 제33조에 따라 의료급여 수급권자 확인, 급여비용의 심사·지급, 사후관리 등 의료급여 업무를 위하여 보장기관(시·군·구), 국민건강보험공단, 건강보험심사평가원에 제공하는 경우

6. 「형사소송법」 제106조, 제215조 또는 제218조에 따른 경우

7. 「민사소송법」 제347조에 따라 문서제출을 명한 경우

8. 「산업재해보상보험법」 제118조에 따라 근로복지공단이 보험급여를 받는 근로자를 진료한 산재보험 의료기관(의사를 포함한다)에 대하여 그 근로자의 진료에 관한 보고 또는 서류 등 제출을 요구하거나 조사하는 경우

9. 「자동차손해배상 보장법」 제12조제2항 및 제14조에 따라 의료기관으로부터 자동차보험진료수가를 청구받은 보험회사등이 그 의료기관에 대하여 관계 진료기록의 열람을 청구한 경우

10. 「병역법」 제11조의2에 따라 지방병무청장이 징병검사와 관련하여 질병 또는 심신장애의 확인을 위하여 필요하다고 인정하여 의료기관의 장에게 징병검사대상자의 진료기록·치료 관련 기록의 제출을 요구한 경우

11. 「학교안전사고 예방 및 보상에 관한 법률」 제42조에 따라 공제회가 공제급여의 지급 여부를 결정하기 위하여 필요하다고 인정하여 「국민건강보험법」 제42조에 따른 요양기관

에 대하여 관계 진료기록의 열람 또는 필요한 자료의 제출을 요청하는 경우

12. 「고엽제후유의증 환자지원 등에 관한 법률」 제7조제3항에 따라 의료기관의 장이 진료기록 및 임상소견서를 보훈병원장에게 보내는 경우

13. 「의료사고 피해구제 및 의료분쟁 조정 등에 관한 법률」 제28조제3항에 따른 경우

14. 「국민연금법」 제123조에 따라 국민연금공단이 부양가족연금, 장애연금 및 유족연금 급여의 지급심사와 관련하여 가입자 또는 가입자였던 사람을 진료한 의료기관에 해당 진료에 관한 사항의 열람 또는 사본 교부를 요청하는 경우

③ 의료인은 다른 의료인으로부터 제22조 또는 제23조에 따른 진료기록의 내용 확인이나 환자의 진료경과에 대한 소견 등을 송부할 것을 요청받은 경우에는 해당 환자나 환자 보호자의 동의를 받아 송부하여야 한다. 다만, 해당 환자의 의식이 없거나 응급환자인 경우 또는 환자의 보호자가 없어 동의를 받을 수 없는 경우에는 환자나 환자 보호자의 동의 없이 송부할 수 있다.

④ 진료기록을 보관하고 있는 의료기관이나 진료기록이 이관된 보건소에 근무하는 의사 · 치과의사 또는 한의사는 자신이 직접 진료하지 아니한 환자의 과거 진료 내용의 확인 요청을 받은 경우에는 진료기록을 근거로 하여 사실을 확인하여 줄 수 있다.

⑤ 의료인은 응급환자를 다른 의료기관에 이송하는 경우에는 지

체 없이 내원 당시 작성된 진료기록의 사본 등을 이송하여야 한다.


**2** 의료법 시행규칙 별표1의 2

## 국가시험의 시험과목, 시험방법 및 합격자 결정방법(제2조 관련)

### 1. 시험과목

| 구분 | 시험과목 필기시험 | | 실기시험 |
|---|---|---|---|
| 의사 국가시험 | 가. 의학총론(몸의 정상구조와 기능, 정상발생·성장 및 노화, 질병의 발생과 죽음, 주요 증상과 병태생리, 진찰 및 진단, 검사, 치료와 합병증, 건강증진·질병예방 및 보건의료관리를 말한다)<br>나. 의학각론(영양, 소화기 질환, 손상·중독, 신생물, 혈액·조혈기관 질환, 심혈관 질환, 근골격계·결합조직 질환, 신경계 질환, 알레르기 및 면역질환, 호흡기 질환, 감염 및 기생충 질환, 내분비·대사성 질환, 신장·요로 및 남성생식기 질환, 유전 질환과 선천성기형, 주산기 및 신생아 질환, 눈 및 눈부속기 질환, 귀 및 유양돌기 질환, 피부질환, 여성생식기 질환, 임신·출산및 산욕기 질환, 정신 질환을 말한다)<br>다. 보건의약관계 법규(「보건의료기본법」·「지역보건법」·「국민건강증진법」·「전염병예방법」·「후천성면역결핍증 예방법」·「검역법」·「의료법」·「응급의료에 관한 법률」·「혈액관리법」·「마약류관리에 관한 법률」·「국민건강보험법」과 그 시행령 및 시행규칙을 말한다. 이하 같다) | | 병력청취, 신체진찰, 환자와의 의사소통, 진료태도, 기본 기술적 수기 |
| 치과의사 국가시험 | 구강악안면외과학, 치과보존학, 치과보철학, 소아치과학, 구강악안면방사선학, 치주과학, 구강내과학, 치과재료학, 치과교정학, 구강병리학, 구강보건학, 구강생물학(구강해부학, 구강생리학, 구강생화학, 치과약리학, 구강미생물학, 구강조직학을 포함한다) 및 보건의약관계 법규 | | |
| 한의사 국가시험 | 내과학, 침구학, 부인과학, 소아과학, 외과학, 신경정신과학, 안이비인후과학, 본초학, 한방생리학, 예방의학 및 보건의약관계 법규 | | |

2. 시험방법

가.의사 국가시험의 시험방법은 필기시험과 실기시험으로 구
  분하여 실시하고, 필기시험 또는 실기시험 중 어느 한 시험
  에 합격한 자에 대하여는 다음 회의 시험에 한하여 그 시험
  을 면제한다.

나.치과의사 · 한의사 · 조산사 · 간호사 국가시험의 시험방법
  은 필기시험으로 한다.


3. 합격자 결정방법

가. 의사 국가시험의 필기시험 합격자 결정은 전과목 총점의
  60퍼센트 이상, 매 과목 40퍼센트 이상을 득점한 자로 하
  고, 실기시험의 합격자 결정은 의과대학 교수로 구성된 합
  격선 심의 위원회에서 결정된 합격점수 이상을 득점한 자
  로 하되, 합격점수의 산출방법에 관한 세부 사항은 보건복
  지부장관이 정하여 고시하며, 필기시험과 실기시험에 모두
  합격한 자를 최종 합격자로 한다.

나. 치과의사 · 한의사 · 조산사 · 간호사 국가시험의 합격자
  결정은 전과목 총점의 60퍼센트 이상, 매 과목 40퍼센트
  이상을 득점한 자를 합격자로 한다. 이 경우 치과의사 국가
  시험에서 매 과목 40퍼센트 이상 득점여부는 소아치과학
  및 치과교정학을 1개 과목으로, 구강악안면방사선학 · 구
  강내과학 및 구강병리학을 1개 과목으로, 치주과학 및 구

강보건학을 1개 과목으로, 치과재료학 및 구강생물학을 1개 과목으로 하여 결정하고, 한의사국가시험에서 매 과목 40퍼센트 이상 득점여부는 부인과학 및 소아과학을 1개 과목으로, 외과학 · 안이비인후과학 및 신경정신과학을 1개 과목으로, 본초학 · 한방생리학 및 예방의학을 1개 과목으로 하여 결정한다.